2024年版 重★要★論★点★攻★略 中小企業診断士試験

ニュー・クイックマスター

財務・会計

中小企業診断士試験クイック合格研究チーム
梅田 さゆり

同友館

はじめに
── 中小企業診断士試験を受験される皆様へ ──

中小企業診断士とは

　中小企業診断士は中小企業が健全な経営を行うために、適切な企業診断と経営に対する助言を行う専門家で、「中小企業支援法」に基づいた国家資格です。その資格の定義として、一般社団法人中小企業診断協会のホームページ上で、「中小企業診断士制度は、中小企業者が適切な経営の診断及び経営に関する助言を受けるに当たり、経営の診断及び経営に関する助言を行う者の選定を容易にするため、経済産業大臣が一定のレベル以上の能力を持った者を登録するための制度」としています。そして、その主な業務は「現状分析を踏まえた企業の成長戦略のアドバイス」であり、専門的知識の活用とともに、企業と行政、企業と金融機関等のパイプ役、中小企業への施策の適切な活用支援まで、幅広い活動に対応できるような知識や能力が求められています。

中小企業診断士試験の１次試験とは

　診断士の資格を得るためには、一般社団法人中小企業診断協会が行う診断士試験に合格しなければなりません。試験は<u>１次試験の合格が必須</u>で、合格後は①筆記の２次試験を受験し合格する、②独立行政法人中小企業基盤整備機構もしくは登録養成機関が実施する養成課程を修了する、のいずれかをクリアしなければ最終的な資格取得にはなりません。

　いずれにせよ、資格取得のためには診断士１次試験の突破は必要で、その受験科目は診断士として必要な学識を問う７科目で、〔A経済学・経済政策　B財務・会計　C企業経営理論　D運営管理（オペレーション・マネジメント）　E経営法務　F経営情報システム　G中小企業経営・中小企業政策〕といった多岐にわたる筆記試験（多肢選択式）になっています。

１次試験突破に向けた本書の活用法

　このニュー・クイックマスターシリーズは、中小企業診断士１次試験７科目の突破に向け、できる限り効率的に必要な知識をマスターしていく、そこにウエイトを置いて編集されています。すなわち、７科目という幅広い受験科目の

中で試験に出やすい論点を重視し、網羅性や厳密さより学習する効率性や最終的な得点に結びつく効果を重視しています。そのため、財務・法務・情報システムのように別の資格試験では、さらに専門性が問われ、詳細な説明が必要とされている部分も、診断士1次試験に必要な部分だけに的を絞り、それ以外を思い切って削っています。

　本書は、各科目の項目ごとに必要な章立てがあり、そこでよく問われる（問われる可能性がある）項目を「論点」として掲げ、その【ポイント】で一番重要な部分を示し、本文の中で「論点を中心に必要な解説および図表」といった構成になっています。さらに【追加ポイント】と【過去問】で受験対策へのヒントを示しています。過去の試験で問われた箇所がわかることで、試験対策のイメージが湧き対策も練れることと思います。

　本書が思い切って網羅性よりも効率性を優先させた分、受験生である皆様の理解度や必要に応じて、本書の空きスペースに書き込むといった「自分の虎の巻である参考書」を作ることをお勧めします。理解への補足説明が必要な際は、インターネットや市販の書籍を通じ、知識の補完を本書に書き込むセルフマネジメントを試み、自分の使えるオリジナル参考書にしてください。

　本書では、**頻出論点をクイックに押さえるために、各論点に頻出度をA、B**でランク付けしています。また、2次試験で問われる論点には「2次」と記載しています。原則として、令和元年度から令和5年度の過去5年間で3回以上を「A」、2回を「B」としています。

　併せて、令和4年度と令和5年度の1次試験の中で、今後も出題が予想される頻出論点の問題には解答・解説を掲載しました。まずはこの問題から押さえてください。

　1次試験は、あくまで中小企業診断士の資格取得までの通過点に過ぎません。診断士試験は、限られたご自身の時間という経営資源を、より効果的・効率的に使い、あきらめずに真摯に立ち向かえば、必ず合格できる試験です。何よりもそんな時の頼れるパートナーでありたい、そんな本書をいつでも手元に置き、試験突破に向けてフル活用していただき、次のステップへ駒を進めてください。

ニュー・クイックマスター「財務・会計」に関して

　診断士試験で主要科目の１つである「財務・会計」に関する知識は、企業が健全かつ戦略的に経営活動を行っていくための土台となるものであり、中小企業の経営にとって必要かつ重要な以下の２つの柱から成り立っています。

【アカウンティング（会計学）】
　財務諸表等による経営分析は、企業の現状把握や問題点の抽出において重要な手法となります。アカウンティングの分野では、経営分析の対象となる財務諸表等の作成技術や作成のための基本的な考え方を理解し、計数感覚を身に付け経営活動へ活用する力を養います。また、基本的な財務諸表の知識は、企業の利益計画策定のベースにもなります。

【ファイナンス（財務論）】
　昨今の経済環境の下では、中小企業が資本市場から資金を調達したり、成長戦略の一環として他社の買収等を行ったりするケースが増大しています。そのため、割引キャッシュ・フローの手法等を活用した投資評価や、企業価値の算定等に関する知識を身に付け活用することができるよう、ファイナンスの分野の知識を学習する必要性が高まっています。

　上記の柱は、２次試験でも事例ⅠからⅣの４題のうち、事例Ⅳと密接な関係があり、「財務・会計」は７科目のうちでも、最もマスターしておきたい科目の１つとなっています。

　ニュー・クイックマスター「財務・会計」では、診断士試験において攻略する必要性の高い本科目について、試験対策上必要となるポイントを重点的に解説しています。本書の内容を理解することで、試験突破はもちろんのこと、中小企業診断士としての基礎的なスキルを身に付けることが可能です。

中小企業診断士試験クイック合格研究チーム

梅田　さゆり

【目　次】

＊頻出論点をクイックに押さえるために、各論点に頻出度をA、Bでランク付けして記載している。
原則として、令和元年度から令和5年度の過去5年間で3回以上を「A」、2回を「B」としている。また、2次試験で問われる論点は「2次」と記載している。

序 章

「財務・会計」の過去問対策

1	令和5年度1次試験の分析
2	令和5年度の**重要・頻出問題にチャレンジ**
3	令和4年度の**重要・頻出問題にチャレンジ**

（おことわり）

本書では2023年8月5日、6日開催の1次試験について解説をしています。沖縄地区における再試験は出題数等に反映しておりません。

1 令和5年度1次試験の分析

1 総評

● 設問数は、従来どおり25問であった（令和元年度－令和5年度：25問）。

● 令和5年度は、アカウンティングでは、企業会計基準関連（収益認識基準、企業結合会計（のれん））、原価計算、経営分析などの頻出論点が幅広く出題された。ファイナンスでは、頻出論点である投資評価基準（IRR/NNP）、ポートフォリオ、オプションの論点のほか、企業価値評価などの論点が、令和4年度に続いて出題された。

　アカウンティング、ファイナンス分野のいずれとも、頻出論点からも数多く出題されていたことから、得点しやすい問題を着実に正答することで、十分合格点を取得することが可能であった。一方で応用的な観点の出題も散見されたため、財務・会計で安定的に得点を獲得するためには、過去問に繰り返し取り組み、頻出論点は理解を深め、確実に解けるように訓練することをお勧めしたい。

2 全体概況

問題数・設問数	問題数：23、設問数：25 令和4年度と同様に、25問×4点＝100点満点である。
出題形式	理論問題：14、計算問題：11 令和4年度（理論：14、計算：11）と比較し、理論問題と計算問題の出題比率は同じであった。
出題分野	アカウンティング分野：14、ファイナンス分野：11 令和4年度（ア：15、ファ：10）と比較して、令和5年度はややファイナンス分野の出題割合が高くなった。
難易度	令和4年度と同等 令和4年度の科目合格率13%と比較して、令和5年度は14%とやや高いが、難易度としては同等であった。なお、令和3年度の科目合格率は22%である。

問題No・出題分野	分析と対策
第6問 税効果会計	【分析】 ●税効果会計基準に関する問題は、過去5年間で3問出題されている。 ●令和4年度に繰越欠損金の会計処理を問う計算問題、令和元年度に備品の減価償却にかかわる将来減算一時差異を問う計算問題である。 【対策】 ●Ⅰ.アカウンティングの【論点19：税効果会計基準】に、税効果会計の目的や役割を整理している。そこで計算問題に対応できるように理解できるまで学習するとよい。 ●計算問題では似た内容が繰り返し問われているので、過去に出題された1つ1つの選択肢の正誤を判断できるようにしておくことが望ましい。
第9問 キャッシュ・フロー計算書	【分析】 ●キャッシュ・フロー計算書に関する問題は、過去5年間で4問出題されている。 ●4問の内訳としては、3問はキャッシュ・フロー増減要因を問う問題、1問は貸借対照表とキャッシュ・フロー計算書との差を問う問題でいずれも理論問題であった。 【対策】 ●Ⅰ.アカウンティングの【論点24：営業CF】【論点25：投資CF・財務CF】に、キャッシュ・フロー計算書の基本的な会計処理を整理している。そこで理論問題に対応できるように理解できるまで学習するとよい。 ●理論問題では似た内容が繰り返し問われているので、過去に出題された1つ1つの選択肢の正誤を判断できるようにしておくことが望ましい。

第11問 経営分析	【分析】 ●経営分析に関する問題は、過去5年間で15問出題されている。 ●毎年、収益性・効率性・安全性のいずれかの観点から2~3問程度出題されており、与えられた貸借対照表と損益計算書をもとに各指標の値を算定する出題形式が多い。 ●上記のほか、令和3年度にインタレスト・カバレッジ・レシオを算出する問題が出題されている。 【対策】 ●Ⅰ.アカウンティングの【論点31~34：収益性分析~生産性分析】に、主要な指標の算定方法と意味をまとめている。2次試験の第1問で毎年必ず出題される非常に重要な論点のため、1次試験学習時から本論点で紹介したすべての経営指標をマスターして試験に臨みたい。 ●安全性指標は、初学者の場合、比率の高低に基づく良否の判断を誤りやすいため、算定した数値が表す意味を丁寧に覚える必要がある。
第14問 第20問 株価の算定	【分析】 ●株価の算定に関する問題は、過去5年間で5問出題されている。 ●うち2問が株価を算定させる計算問題、1問が1株当たり配当を算出させる計算問題が出題されている。また令和5年度、令和4年度にサステナブル成長率について問われている。 【対策】 ●Ⅱ.ファイナンスの【論点9：株価の算定】を参照し、配当割引モデルを用いた株価算定や、各種計算式について理解を深める必要がある。 ●2次試験においても出題される分野であるため、株式投資判断に必要な指標も含めて一通りの計算方法を押さえておくことが望ましい。
第15問 MM理論	【分析】 ●MM理論に関する問題は、過去5年間で6問出題されている。 ●毎年、負債の節税効果が企業価値に与える影響が問われている。理論問題のほかに、企業価値を計算させる問題が出題されている。 【対策】 ●Ⅱ.ファイナンスの【論点12：最適資本構成（MM理論）】を参照し、法人税が存在しない・する場合、借入金がない・ある場合の各ケースにおける企業価値の変化に関する理解を深める必要がある。 ●同じ論点が繰り返し問われているため、MM理論は確実にマスターしておきたい。

第18問 証券投資論	【分析】 ●証券投資論に関する問題は、過去5年間で10問出題されている。 ●うち、理論問題は8問、計算問題は2問である。理論問題はポートフォリオ理論におけるリスク、効率的ポートフォリオにおけるリスクとリターンの理解を問う問題、計算問題はポートフォリオの収益率を算定する問題であった。 【対策】 ●Ⅱ.ファイナンスの【論点5：リスクとリターン】【論点6：ポートフォリオ理論】を参照し、収益率や共分散と相関係数の計算方法、効率的ポートフォリオに関する知識を吸収しておくとよい。 ●出題実績が高い分野のため、網羅的に学習するとともに、特に頻出論点については確実にマスターしたい。
第23問 デリバティブ	【分析】 ●デリバティブに関する問題は、過去5年間で5問出題されている。 ●令和5年度は為替予約に関する計算問題、令和3年度、令和2年度および令和元年度はオプション取引に関する理論問題であった。 【対策】 ●Ⅱ.ファイナンスの【論点14：オプション取引】【論点15：先物取引・先渡し取引】を参照し、デリバティブ取引の代表例であるオプション取引、先物取引に関する理解を深める必要がある。 ●オプション取引に関しては、プットオプション、コールオプションの売り手、買い手における計4つの損益パターンをすべて押さえておくことが望ましい。

④ 60 点攻略のポイント ～『ニュー・クイックマスター』を使ってできること～

頻出論点を効率的に押さえることが合格への近道！

● 『2024 年版 ニュー・クイックマスター 財務・会計』では、令和元年度から令和 5 年度までの過去 5 年間で 3 回以上問われた論点を「A」、2 回以上問われた論点を「B」としている。それにより、「A」および「B」論点のみで、1 次試験問題の約 9 割を押さえていることになる。そのため、本書の「A」および「B」論点を確実に押さえていくことで、合格得点圏の 60％以上を獲得することは十分可能である。

2 次試験にも直結する計算問題は計算練習を繰り返すことが重要！

● 頻出論点である経営分析、CVP 分析、WACC（加重平均資本コスト）、将来キャッシュ・フローなどについては、計算式を正確に押さえていきたい。2 次試験を見据えてもこれらの論点は頻出であり、計算練習を繰り返すことで知識を定着させる必要がある。

知識問題はポイントを絞って要領よくカバーしていくことが重要！

● 年度によっては、会計基準などの詳細な知識を問われることもあるが、すべてを押さえることは膨大な時間を要することになる。知識問題でも頻出論点は多く、特に 1 次試験の学習をこれから始める初学者や、なかなか合格得点圏へ近づくことができない受験生は、いろいろと詳細な論点に手をのばす前に、『ニュー・クイックマスター』で取り上げている論点で網羅的に知識を整理することを優先していきたい。

2 令和5年度の重要・頻出問題にチャレンジ

税効果会計

頻出度
A

➡ p.98

■ 令和5年度 第6問

　当期の税引前当期純利益は800,000円であった。ただし、受取配当金の益金不算入額が24,000円、交際費の損金不算入額が36,000円ある。また、前期末に設定した貸倒引当金10,000円が損金不算入となったが、当期において損金算入が認められた。法人税率を20%とするとき、当期の損益計算書に計上される法人税として、最も適切なものはどれか。

ア　158,000円

イ　160,400円

ウ　162,000円

エ　164,400円

解答	イ

■ 解説

　法人税にかかわる税効果会計を行う計算問題である。税効果会計では、会計と税務の目的が相違することから生じるズレを調整し、税金費用を適切に期間配分する会計処理を行う。

〈利益から所得を算出するための調整方法〉

益金不算入：会計上の収益であるが、税務上は益金として認められないもの
損金不算入：会計上の費用であるが、税務上は損金として認められないもの

　設問内容により、情報を整理する。

当期税務上の所得＝802,000円

当期法人税＝802,000円×20％＝160,400円

　以上より、イが正解である。

キャッシュ・フロー計算書

頻出度
A

→ p.110, 113

■ 令和5年度　第9問

　キャッシュ・フロー計算書に関する記述として、最も適切なものはどれか。

ア　間接法によるキャッシュ・フロー計算書では、棚卸資産の増加額は営業活動によるキャッシュ・フローの増加要因として表示される。

イ　資金の範囲には定期預金は含まれない。

ウ　支払利息は、営業活動によるキャッシュ・フローの区分で表示する方法と財務活動によるキャッシュ・フローの区分で表示する方法の2つが認められている。

エ　有形固定資産の売却による収入は、財務活動によるキャッシュ・フローの区分で表示される。

解答	ウ

■ 解説

キャッシュ・フロー計算書に関する問題である。

ア：不適切である。間接法によるキャッシュ・フロー計算書では、棚卸資産の増加額は営業活動によるキャッシュ・フローの減少要因として表示される。増加要因ではない。

イ：不適切である。定期預金は現金同等物であるため、資金の範囲に含まれる。なお、キャッシュ・フロー計算書の「資金の範囲」は、現金及び現金同等物である。

ウ：適切である。

エ：不適切である。有形固定資産の売却による収入は、投資活動によるキャッシュ・フローの区分で表示される。財務活動ではない。

以上より、ウが正解である。

経営分析

頻出度 A

➡ p.133

■ 令和5年度　第11問

余剰現金の使途として、新規の設備の購入（D案）と長期借入金の返済（E案）を比較検討している。他の条件を一定とすると、D案とE案の財務諸表および財務比率への影響に関する記述として、最も適切なものはどれか。

ア　固定長期適合率は、D案では悪化するが、E案では改善する。

イ　自己資本比率は、D案では不変であるが、E案では改善する。

ウ　総資産は、D案、E案ともに不変である。

エ　流動比率は、D案では悪化するが、E案では改善する。

解答	イ

■ 解説

財務比率の経営分析に関する基礎的な理解を問う問題である。

設問内容により、情報を整理する。図を用いると整理しやすい。

余剰現金の使用 ：流動資産の減少

新規の設備の購入（D案）：固定資産の増加

長期借入金の返済（E案）：固定負債の減少

〈D案〉

流動資産 ↓	流動負債
固定資産 ↑	固定負債
	自己資本

〈E案〉

流動資産 ↓	流動負債
固定資産	固定負債 ↓
	自己資本

} 総資本

D案の総資産は不変であるが、E案の総資産は減少していることがわかる。

以上より、イが正解である。

株価の算定

頻出度 A

→ p.175

■ 令和5年度　第14問

　Z社の期首自己資本は3,000万円である。また、ROEは5%、配当性向は40%、発行済株式数は20万株である。Z社の当期の1株当たり配当として、最も適切なものはどれか。ただし、本問において、ROEは当期純利益を期首自己資本で除した値とする。

ア　2円

イ　3円

ウ　4円

エ　5円

解答	イ

■ 解説

設問に与えられた情報から、1株当たり配当を算出する。

設問内容により、情報を整理する。

    期首自己資本　3,000万円
    ROE　　　　　5%（当期純利益÷期首自己資本）
    配当性向　　　40%
    発行済株式数　20万株

なお、配当性向の算出は以下である。

$$配当性向（\%） = \frac{配当金総額}{当期純利益} \times 100$$

設問の「ROE＝当期純利益／期首自己資本」より、

当期純利益＝3,000万円×5%

      　＝150万円

配当金総額＝当期純利益×配当性向

      　＝150万円×40%

      　＝60万円

1株当たり配当＝配当総額÷発行済株式数

        　＝60万円÷20万株

        　＝3円

以上より、イが正解である。

MM理論

→ p.182

頻出度 **A**

■ 令和5年度　第15問（設問2）

次の文章を読んで、下記の設問に答えよ。

現在、Y社は総資本10億円（時価ベース）の全額を自己資本で調達して事業活動を行っており、総資本営業利益率は10%である。また、ここでの営業利益は税引前当期純利益に等しく、また同時に税引前キャッシュフローにも等しいものとする。Y社は今後の事業活動において、負債による調達と自己株式の買い入れによって総資本額を変えずに負債と自己資本との割合（資本構成）を1：1に変化させることを検討しており、その影響について議論している。

（設問2）

モジリアーニ・ミラー理論において法人税のみが存在する場合、Y社が資本構成を変化させることで、企業全体の価値に対する影響として、最も適切なものはどれか。ただし、法人税率は20%とする。

ア　企業価値が1億円減少する。

イ　企業価値が1億円増加する。

ウ　企業価値が4億円減少する。

エ　企業価値が4億円増加する。

解答	イ

■ **解説**

MM理論に関する基礎的な理解を問う問題である。

MM理論では、法人税が存在しない完全市場を想定した場合、資本構成は企業価値に影響を与えないが、法人税が存在する場合は負債の節税効果の現在価値相当分だけ企業価値が向上するとしている。

設問内容により、情報を整理する。

　　総資本　　　10億円
　　法人税率　　20%

〈資本構成変更前〉
　　自己資本　　10億円
〈資本構成変更後〉
　　自己資本　　5億円
　　負債　　　　5億円

MM理論では、負債の節税効果の現在価値相当分だけ企業価値が向上するため、節税効果を算出する。

節税効果＝負債×法人税率
　　　　＝5億円×20%
　　　　＝1億円

以上より、イが正解である。

証券投資論

➡ p.162

■ 令和5年度　第18問

ポートフォリオ理論に関する記述として、最も適切なものはどれか。ただし、リスク資産の間の相関係数は1未満であり、投資比率は正とする。

ア　2つのリスク資産からなるポートフォリオのリスク（リターンの標準偏差）は、ポートフォリオを構成する各資産のリスクを投資比率で加重平均した値である。

イ　2つのリスク資産からなるポートフォリオのリターンは、ポートフォリオを構成する各資産のリターンを投資比率で加重平均した値である。

ウ　2つのリスク資産からポートフォリオを作成するとき、両資産のリターン間の相関係数が大きいほど、リスク低減効果は顕著となる。

エ　安全資産とリスク資産からなるポートフォリオのリスク（リターンの標準偏差）は、リスク資産への投資比率に反比例する。

解答	イ

■ 解説

ポートフォリオ理論に関する基礎的な理解を問う問題である。

ア:不適切である。2つのリスク資産からなるポートフォリオのリスクの計算には、ポートフォリオを構成する各資産の相関係数も含まれる。

イ:適切である。

ウ:不適切である。2つのリスク資産からポートフォリオを作成するとき、リスク低減効果を得られるのは両資産のリターン間の相関係数が小さいときである。相関係数が−1のときにリスク低減効果が最大となる。

エ:不適切である。安全資産とリスク資産からなるポートフォリオのリスクは、リスク資産への投資比率に比例する。リスク資産への投資比率が大きい場合、リスクも大きくなる。

以上より、イが正解である。

株価の算定

頻出度 **A**

➡ p.175

■ **令和5年度　第20問**

　以下のデータに基づいて、A社の株主価値を割引キャッシュフローモデルに従って計算したとき、最も適切なものを下記の解答群から選べ。ただし、これらの数値は毎年3%ずつ増加する。また、A社には現在も今後も負債がなく、株主の要求収益率は6%である。

【A社の次期の予測データ】

(単位: 万円)

税引後純利益	1,200
減価償却費	300
設備投資額	500
正味運転資本増加額	100

〔解答群〕

ア　15,000万円

イ　30,000万円

ウ　35,000万円

エ　70,000万円

<table>
<tr><td>解答</td><td>イ</td></tr>
</table>

■ 解説

割引キャッシュフローモデルに関する基礎的な理解を問う問題である。

FCFをWACC（加重平均資本コスト）で現在価値に割り戻し、負債価値を控除することにより株主資本価値を算定する方法である。

設問内容により、情報を整理する。
①CFの算出

税引後純利益	1,200
減価償却費	+300
設備投資額	−500
正味運転資本増加額	−100
CF	900

FCF ＝ 税引後純利益 ＋ 減価償却費 ± 運転資本増減額 − 投資額（CAPEX）

②WACCの算出
A社は負債がなく、予測データは毎年3％ずつ増加、株主の要求収益は6％である。

WACC＝6％−3％
　　　＝3％

③株主価値の算出
株主価値＝CF÷WACC
　　　　＝900÷3％
　　　　＝30,000万円

以上より、イが正解である。

デリバティブ

➡ p.190

■ 令和5年度　第23問

次の文章の空欄AとBに入る語句の組み合わせとして、最も適切なものを下記の解答群から選べ。ただし、手数料、金利などは考えないこととする。

現在の為替相場（直物）は1ドル130円である。3か月後にドル建てで商品の仕入代金1万ドルを支払う予定の企業が、1ドル131円で1万ドルを買う為替予約（3か月後の受け渡し）を行うとする。このとき、3か月後の為替相場（直物）が134円になると、為替予約をしなかった場合に比べて円支出は　A　。他方、3か月後の為替相場（直物）が125円になると、為替予約をしなかった場合に比べて円支出は　B　。

〔解答群〕

ア　A：3万円多くなる　　　　B：6万円少なくなる

イ　A：3万円少なくなる　　　B：6万円多くなる

ウ　A：4万円多くなる　　　　B：5万円少なくなる

エ　A：4万円少なくなる　　　B：5万円多くなる

解答	イ

■ 解説

為替予約に関する基礎的な理解を問う問題である。

先物取引・先渡し取引とは、将来の一定期日に定められた価格で原資産を売買する取引である。前もって売買の価格を確定できるため、価格変動リスクの回避が可能となる。

設問内容により、情報を整理する。

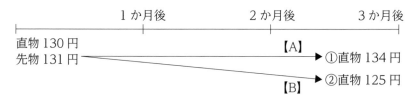

[A]

為替予約をした場合　　　：131円

為替予約をしなかった場合：134円

円支出の差＝（131円－134円）×1万ドル

　　　　　＝－3万円

為替予約をした場合、為替予約をしなかった場合と比較して3万円少なくなる。

[B]

為替予約をした場合　　　：131円

為替予約をしなかった場合：125円

円支出の差＝（131円－125円）×1万ドル

　　　　　＝6万円

為替予約をした場合、為替予約をしなかった場合と比較して6万円多くなる。

以上より、イが正解である。

3 令和4年度の重要・頻出問題にチャレンジ

銀行勘定調整表

頻出度
A

➡ p.62

■ 令和4年度 第1問

　以下の資料に基づき、決算日の調整後の当座預金勘定残高として、最も適切なものを下記の解答群から選べ。

【資料】

　当店の決算日現在の当座預金勘定残高は500,000円であったが、銀行から受け取った残高証明書の残高は480,000円であったので、不一致の原因を調査したところ、次の事実が判明した。

① 仕入先銀座商店へ買掛金80,000円の支払いのために振出した小切手が、未取付であった。
② 得意先京橋商店から売掛金150,000円の当座振込があったが、通知未達のため未記入である。
③ 得意先新橋商店が振出した小切手200,000円を当座預金口座へ預け入れたが、いまだ取り立てられていない。
④ 水道光熱費50,000円の通知が未達である。

〔解答群〕

ア　520,000円

イ　600,000円

ウ　620,000円

エ　720,000円

解答	イ

■ 解説

　当座預金勘定残高の決算修正を行う計算問題である。当座預金では、その帳簿上の残高と、銀行の預金残高（銀行が発行する当座預金口座の残高証明書）とは、本来一致するはずであるが、記帳の時期が異なる等で一致しないことがある。その場合に、会社では不一致の原因を調査し、必要な修正を行う。

①未取付小切手

　当店側からは小切手を振り出したが、相手から小切手が銀行へ未提示のため、銀行では出金処理が行われていない。当店側では処理済みであるため、修正は不要である。

②入金連絡未達

　売掛金の当座振込があったが、銀行からの通知がないため、当店側で未処理となっている。当座預金勘定の残高を増やす。

　（借）当座預金　150,000　　　（貸）売掛金　150,000

③未取立小切手

　当店からは受け取った小切手を当座預金口座へ預け入れたが、銀行側でまだ取り立てを行っていない。当店側では処理済みであるため、修正は不要である。

④引落連絡未達

　当座預金からの支払いがあったが、銀行からの通知がないため、当店側で未処理となっている。当座預金勘定の残高を減らす。

　（借）水道光熱費　50,000　　　（貸）当座預金　50,000

　当座預金勘定残高500,000円＋②150,000－④50,000＝600,000円

　以上より、イが正解である。

企業結合会計（のれん）

頻出度
A

➡ p.96

■ 令和4年度　第5問

　貸借対照表における無形固定資産に関する記述として、最も適切なものはどれか。

ア　受注制作のソフトウェアについても償却を行う。

イ　人的資産は無形固定資産に含まれる。

ウ　のれんは減損処理の対象となる。

エ　無形固定資産の償却には定額法と定率法がある。

<table>
<tr><td>解答</td><td>ウ</td></tr>
</table>

■ 解説

企業結合会計 (のれん) および無形固定資産に関する問題である。

無形固定資産とは、具体的な形が無く、使用することを目的として長期にわたり保有する財産である。ソフトウェア、のれん、法律上の権利などを指す。

ア：不適切である。顧客から制作を依頼された受注制作のソフトウェアの製作費は、工事契約に関する会計基準に基づき処理するため、償却は行わない。無形固定資産ではない。

イ：不適切である。人的資産は、無形固定資産ではない。

ウ：適切である。のれんは、無形固定資産として計上され、20年内で規則的に定額償却を行う。しかし、当初想定していた利益が生み出せていない等の状況が発生した場合、のれんの価値の低下に伴い、本来の帳簿価格とするために減損処理の対象となる。

エ：不適切である。無形固定資産の償却は、残存価格を0とした定額法で行う。

以上より、ウが正解である。

CVP分析

■ **令和4年度　第12問（設問2）**

当工場では、単一製品Xを製造・販売している。以下の資料に基づいて、下記の設問に答えよ。

【資料】
当期における実績値は次のとおりであった。

製造原価	販売費及び一般管理費
直接材料費……240円／個	変動販売費……………100円／個
直接労務費……160円／個	固定販売費・一般管理費…50,000円
製造間接費	
変動費……100円／個	
固定費……200,000円	

また、当期の生産量は1,000個、販売量は800個（単価1,000円）であり、仕掛品および期首製品は存在しない。

（設問2）
損益分岐点売上高として、最も適切なものはどれか。

ア　400,000円

イ　500,000円

ウ　625,000円

エ　800,000円

解答	ウ

■ 解説

損益分岐点売上高に関する基礎的な理解を問う問題である。

設問内容により、情報を整理する。

売上高	800,000	800個×1,000円
変動費	480,000	800個×(240＋160＋100＋100)
限界利益	320,000	
固定費	250,000	200,000＋50,000　※
営業利益	70,000	

※直接原価計算では在庫の有無にかかわらず固定費全額を計上する。

これを、損益分岐点売上高の計算式にあてはめる。

$$損益分岐点売上高 = \frac{固定費}{限界利益率}$$

固定費：250,000
限界利益率：(1－変動費率)＝(1－480,000÷800,000)＝40%
損益分岐点売上高：250,000÷40%＝625,000

以上より、ウが正解である。

資金繰り表

頻出度
A

→ p.116

■ 令和4年度　第13問（設問1）

次の文章を読んで、下記の設問に答えよ。

A社では、X1年4月末に以下のような資金繰り表（一部抜粋）を作成した（表中のカッコ内は各自推測すること）。

（単位：万円）

			5月	6月
前月末残高			1,000	470
経常収支	収入	現金売上	200	240
		売掛金回収	800	800
		収入合計	1,000	1,040
	支出	現金仕入	720	（　　）
		諸費用支払	510	540
		支出合計	1,230	（　　）
	収支過不足		-230	（　　）
備品購入支出			300	0
当月末残高			470	（　　）

売上高の実績額および予想額は以下のとおりである。

（単位：万円）

4月（実績）	5月（予想）	6月（予想）	7月（予想）
1,000	1,000	1,200	1,600

また、条件は以下のとおりである。

① 売上代金の20%は現金で受け取り、残額は翌月末に受け取る。

② 仕入高は翌月予想売上高の60%とする。仕入代金は全額現金で支払う。

③ すべての収入、支出は月末時点で発生するものとする。

④ 5月末に事務用備品の購入支出が300万円予定されているが、それを除き、経常収支以外の収支はゼロである。

⑤ A社では、月末時点で資金残高が200万円を下回らないようにすることを、資金管理の方針としている。

（設問1）

　A社は資金不足に陥ることを避けるため、金融機から借り入れを行うことを検討している。6月末の時点で資金残高が200万円を下回らないようにするには、いくら借り入れればよいか。最も適切なものを選べ。ただし、借入金の利息は年利率5％であり、1年分の利息を借入時に支払うものとする。

ア　190万円

イ　200万円

ウ　460万円

エ　660万円

解答	イ

■ 解説

資金繰り表（必要借入額）の計算に関する問題である。与えられた条件をもとに資金繰り表の空欄を埋める。

（単位：万円）

			5月	6月
前月末残高			1,000	470
経常収支	収入	現金売上	200	240
		売掛金回収	800	800
		収入合計	1,000	1,040
	支出	現金仕入	720	（ イ ）
		諸費用支払	510	540
		支出合計	1,230	（ ロ ）
	収支過不足		-230	（ ハ ）
備品購入支出			300	0
当月末残高			470	（ ニ ）

空欄イ：7月予想売上 1,600 × 60％ ＝ 960

空欄ロ：（イ）960 ＋ 540 ＝ 1,500

空欄ハ：1,040 －（ロ）1,500 ＝ － 460

空欄ニ：470（ハ）－ 460 ＝ 10

　資金繰りをしない場合、上記のとおり当月末残高は 10 となる。しかし設問条件である「6月末で 200 万円を下回らない」を実現するために、以下の計算を実施する。借入金の利息は年利率 5％であり、1年分の利息を借入時に支払う。借入金から年間利息を減算した金額が、必要借入額である。

$$10 + x - 0.05x = 200$$
$$0.95x = 190$$
$$x = 200$$

以上より、イが正解である。

将来価値と現在価値

頻出度
A

→ p.148

■ 令和4年度 第14問

　B社は以下のような条件で、取引先に貸し付けを行った。割引率を4%としたとき、貸付日における現在価値として、最も適切なものを下記の解答群から選べ。

① 貸付日は2020年7月1日、貸付期間は5年であり、満期日の2025年6月30日に元本200万円が返済されることになっている。

② 2021～2025年の毎年6月30日に、利息として元本の5%である10万円が支払われる。

③ 期間5年のときの複利現価係数と年金現価係数は以下のとおりである。

	複利現価係数	年金現価係数
4%	0.822	4.452
5%	0.784	4.329

〔解答群〕

ア　200.1万円

イ　201.3万円

ウ　207.7万円

エ　208.9万円

	解答	エ

■ **解説**

　現在価値に関する基礎的な理解を問う問題である。

　複利現価係数とは、将来のある一定時点に受取が行われる場合の現在価値を求めるために使用する係数である。一方で、年金現価係数とは、毎年同額の受取が行われる場合の現在価値を求めるために使用する係数である。

　設問内容を整理すると、利息および元本の返済は以下のとおり行われる。

	1年目 2021年	2年目 2022年	3年目 2023年	4年目 2024年	5年目 2025年
受取利息	10万円	10万円	10万円	10万円	10万円
元本返済					200万円

①受取利息の現在価値
　5年間毎年同額の受取が行われる受取利息は、年金現価係数を使用する。設問より、割引率は4%である。
　10万円×4.452＝44.52万円

②元本の現在価値
　5年目に一括返済が行われる元本は、複利原価係数を使用する。設問より、割引率は4%である。
　200万円×0.822＝164.40万円

③貸付金の現在価値
　受取利息および元本の現在価値を合計する。
　44.52万円＋164.40万円＝208.92万円≒208.9万円

　以上より、エが正解である。

ポートフォリオ理論

頻出度 **A**

→ p.164

■ 令和4年度　第16問

　以下の図は、すべてのリスク資産と安全資産により実行可能な投資機会を表している。投資家のポートフォリオ選択に関する記述として、最も適切なものを下記の解答群から選べ。

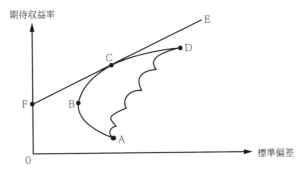

〔解答群〕

ア　安全資産が存在しない場合、効率的フロンティアは曲線ABCDである。

イ　安全資産が存在しない場合、投資家のリスク回避度にかかわらず、リスク資産の最適なポートフォリオは点Cになる。

ウ　安全資産が存在する場合、投資家のリスク回避度が高いほど、リスク資産の最適なポートフォリオは曲線BCD上の点D寄りに位置する。

エ　安全資産が存在する場合で、かつ資金の借り入れができないならば、効率的フロンティアはFCDを結んだ線となる。

解答	エ

■ 解説

ポートフォリオ理論に関する基礎的な理解を問う問題である。

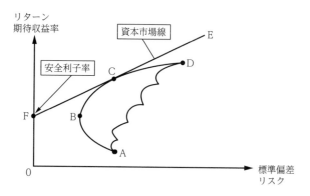

ア：不適切である。安全資産が存在しない場合、効率的フロンティアは曲線
　　BCDである。

イ：不適切である。安全資産が存在しない場合、投資家のリスク回避度により、
　　最適なポートフォリオは異なる。たとえば、投資家のリスク回避度が高い
　　ほど点B寄り、逆にリスク回避度が低いほど点D寄りとなる。

ウ：不適切である。安全資産が存在する場合、投資家は資本市場線上を選択し、
　　リスク回避度が高いほど点F寄りとなる。なお、資本市場線は安全利子率
　　と効率的フロンティアが接する直線である。

エ：適切である。安全資産が存在する場合で、かつ資金の借り入れができない
　　ならば、効率的フロンティアはFCDを結んだ線となる。

　以上より、エが正解である。

デリバティブ

頻出度 **B**

➡ p.190

■ 令和4年度　第20問

先物取引および先渡取引に関する記述として、最も適切なものはどれか。

ア　先物価格と現物価格の差は、満期日までの長さとは関連がない。

イ　先物取引では取引金額を上回る額の証拠金を差し入れる必要がある。

ウ　先物取引における建玉は、清算値段により日々値洗いされる。

エ　先渡取引は、先物取引と異なり、ヘッジ目的に用いられることはない。

解答	ウ

■ 解説

オプションに関する基礎的な理解を問う問題である。

先物取引・先渡取引とは、将来の一定期日に定められた価格で原資産を売買する取引である。前もって売買の価格を確定できるため、価格変動リスクの回避が可能となる。

ア：不適切である。先物価格と現物価格の差は、満期日までの長さとは関連がある。通常、先物価格は、満期日が近づくと現物価格に近くなる。

イ：不適切である。証拠金とは、当事者の一方が相手方に対して担保として預ける金銭のことであり、通常証券会社などの取引業者に差し出す。通常、証拠金が取引金額を上回ることはない。

ウ：適切である。建玉とは、取引約定後に反対売買されないまま残っている未決済分のことである。毎営業日の清算値(時価)で日々評価替えが行われる。

エ：不適切である。先渡取引は、ヘッジ目的に用いられる場合もある。

以上より、ウが正解である。

投資評価基準

➡ p.157

■ 令和4年度　第21問

　投資の評価基準に関する記述として、最も適切な組み合わせを下記の解答群から選べ。

a　回収期間が短いほど、内部収益率は高くなる。

b　回収期間法では、回収後のキャッシュフローを無視している。

c　正味現在価値法では、投資によって生じる毎年のキャッシュフローの符号が複数回変化する場合、異なるいくつかの値が得られる場合がある。

d　内部収益率法を用いて相互排他的投資案を判定すると、企業価値の最大化をもたらさないことがある。

〔解答群〕

ア　aとb

イ　aとc

ウ　bとc

エ　bとd

オ　cとd

解答	エ

■ 解説

投資の評価基準に関する基礎的な理解を問う問題である。

回収期間法：初期投資額を何年で回収できるかを測定する方法である。その回収期間があらかじめ設定した期間よりも短ければ投資を行い、長ければ投資は行わない。

正味現在価値法：投資により生じるキャッシュフローの現在価値合計から初期投資額を控除し、現在価値がプラスとなるかマイナスとなるかで投資可否を判断する方法である。

内部収益率法：正味現在価値がゼロとなる割引率である。その内部収益率を求め、それが資本コスト（＝割引率）を上回る場合は投資する。

a：不適切である。回収期間と内部収益率にそのような関係はない。

b：適切である。回収期間法では、投資額回収後に発生するキャッシュフローを考慮していない。

c：不適切である。投資によって生じる毎年のキャッシュフローの符号が複数回変化する場合、異なるいくつかの値が得られる場合があるのは、内部収益率法である。

d：適切である。相互排他的投資とは、2つの投資案を同時に実行することができず、必ず1つを選択して他方を棄却しなければならないような投資案である。内部収益率法を採用する場合、正味現在価値が大きく内部収益率が低いA案と、正味現在価値が小さく内部収益率が高いB案があった場合、A案が採択される。この場合、企業価値の最大化をもたらすことができない。

以上より、bとdが適切であり、エが正解である。

I

アカウンティング

論点1　会計の目的と財務諸表の種類

ポイント

会計は、企業外部の債権者や株主向けの「財務会計」と企業内部の経営管理者向けの「管理会計」に分けられる。財務諸表は、企業を取り巻くこれらの利害関係者に、自らの経済活動の成果を報告するために作成される書類である。主要な財務諸表には、貸借対照表、損益計算書、キャッシュ・フロー計算書の3つがある。

■ 会計(=アカウンティング)の目的

　会計とは、企業などが自ら営む経済活動の成果を、財務数値を用いて測定し、企業を取り巻く利害関係者へ報告することである。会計の目的は、利害関係者に役立つ情報を提供することであり、情報提供先の違いによって、財務会計と管理会計の2つに分けられる。

【 会計の目的別種類 】

財務会計	管理会計
融資判断や株式などの購入といった意思決定に役立つ情報を提供することを目的とする会計	経営上の意思決定や業績評価に資する情報を提供することを目的とする会計

情報提供先	情報提供先
企業外部の金融機関や株主などの利害関係者	企業内部の経営者・管理者

② 財務諸表の種類

　財務諸表は、企業が利害関係者に対してある一時点の財政状態や一定期間の経営成績(利益や損失)を明らかにするために、複式簿記という手続きに基づき作成される書類である。財務会計において外部報告を目的として作成される書類のため、企業外部の情報利用者を保護するべく、企業内部での利用を目的

とした管理会計で作成される内部書類よりも、より厳密なルールに基づき作成・表示される。

【 主要な財務諸表 】

財務諸表の種類	略称	内容
貸借対照表	BS	資産、負債、純資産を用いて、決算日時点の企業の財政状態を表した財務諸表
損益計算書	PL	一会計期間の収益および費用を集計して、企業の経営成績（利益や損失）を表した財務諸表
キャッシュ・フロー計算書	CF	企業が一会計期間中に、資金をどのように調達し、生み出し、活用しているかという、キャッシュ・フローの状況を表した財務諸表

　上の3つをまとめて財務3表と呼び、これらは最も重要な財務諸表となる。
　企業は、将来にわたり継続的に経済活動を行うことを前提（＝継続企業の前提）とした組織のため、人為的に期間を区切って経済活動の成果を報告する。この人為的に区切った期間を「会計期間」（通常は1年間）といい、「会計期間」の初めの日を「期首時点」、終わりの日を「期末時点」または「決算日」という。

❸ 財務諸表の構成要素と関係性
　企業は、株主から出資金を募り（＝純資産）、金融機関から事業活動に必要な資金を借入れ（＝負債）、これらを元手に商品の購入や製品の製造、設備投資などを行い（＝資産）、それらを販売・消費（＝費用）して、売上を獲得（＝収益）する。獲得した収益から費用を差し引いて残った利益は、株主に配当などで利益還元するか、企業内部に留保して、次の事業に再投資し、新たな収益獲得機会を狙う。
　貸借対照表と損益計算書は、この一連の事業活動を「資産」、「負債」、「純資産」、「収益」および「費用」という5つの構成要素で示した財務諸表であり、両者は密接な関係を有している。

【 財務諸表の構成要素 】

貸借対照表	資産	現金及び預金、売掛金（販売代金の未回収債権）、商品・製品などの在庫、事業活動に必要な建物・機械装置など、企業が所有するもので、企業にとって価値のあるもの
	負債	銀行からの借入金、買掛金（仕入代金の未払債務）など、企業が負っている支払債務
	純資産	株主からの出資額、内部留保した過年度の獲得利益など、企業の元手となるもの
損益計算書	収益	売上、受取利息など、純資産を増加させるもの
	費用	売上原価、人件費、地代家賃など、純資産を減少させるもの

次の図は、貸借対照表と損益計算書の関係を示したものである。損益計算書で計算された一会計期間の当期純利益（企業に残る最終的な利益）は、貸借対照表の純資産に加算され、期首純資産とあわせて期末純資産の一部を構成する。

【 貸借対照表と損益計算書の関係 】

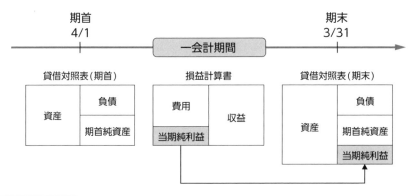

追加 ポイント

平成19年度に期首の資産と負債、期末の負債、収益と費用、純資産の変動額に関する数値が与えられ、それらをもとに期末の資産数値を解答させる問題が出題されている。財務諸表を理解するためには、貸借対照表と損益計算書の関係性をしっかりと意識しながら、学習する必要がある。

過去問 | 過去5年間での出題はないが、平成19年度に貸借対照表と損益計算書の関係性を問う問題が出題されている。

論点2　損益計算書

ポイント

損益計算書（略称：PL）は、一会計期間のすべての収益と費用を集計し、企業の経営成績を表すことを目的とした財務諸表である。企業の事業活動の種類ごとに利益を段階的に報告する形式を採用している。

🞵 損益計算書の目的

損益計算書は、企業の事業活動で得られた収益から費用を差し引いた金額を利益または損失として計算・表示し、一会計期間の経営成績を利害関係者に報告するために作成される。

たとえば、企業が商品10個を1個当たり10千円で仕入れ、それを1個当たり15千円で販売した場合、収益（＝売上高）は150千円（15千円×10個）、費用（＝売上原価）は100千円（10千円×10個）となり、その差額は50千円（150千円－100千円）の利益（＝売上総利益）と計算される。反対に、費用が収益を上回る場合は損失と計算される。

```
収益＞費用の場合    収益  －  費用  ＝  利益

収益＜費用の場合    収益  －  費用  ＝  損失
```

🞶 損益計算書の構造

損益計算書は、収益および費用が発生した企業の事業活動の種類ごとに利益を段階的に報告する形式を採用している。

損益計算書

(自平成X8年4月1日 至平成X9年3月31日)

(単位：千円)

科　　目	金	額	
売上高			100,000
売上原価			80,000
売上総利益		①	20,000
販売費及び一般管理費			12,000
営業利益		②	8,000
営業外収益			
受取利息及び配当金	2,000		
その他	1,000		3,000
営業外費用			
支払利息	6,000		
その他	1,000		7,000
経常利益		③	4,000
特別利益			
固定資産売却益	2,000		
その他	500		2,500
特別損失			
固定資産売却損	1,000		
減損損失	1,000		
その他	500		2,500
税引前当期純利益		④	4,000
法人税、住民税及び事業税			1,000
法人税等調整額			200
当期純利益		⑤	2,800

【 各段階利益の意味 】

① 売上総利益	商品やサービスの収益力を示す利益。「粗利益」とも呼ばれる。売上高から売上原価を控除して算定される。
② 営業利益	営業活動の成果を示す利益。売上総利益から販売費及び一般管理費 (給与や役員賞与などの人件費、事務所の家賃や水道光熱費、交際費などの営業活動から発生した費用) を控除して算定される。
③ 経常利益	資金調達の巧拙といった財務活動や投資活動の成果を含めた経常的な経営活動の成果を示す損益。営業利益から受取利息や受取配当金などの営業外収益を加算し、支払利息などの営業外費用を減算して算定される。
④ 税引前当期純利益	臨時的・例外的に発生した利益や損失を含めた損益。経常利益から特別利益を加算し、特別損失を減算して算定される。
⑤ 当期純利益	企業に残る最終的な損益。税引前当期純利益から法人税等を減算して算定される。

過去問　令和4年度 第4問 外貨建取引／為替差損益

B 論点3 貸借対照表(構造)

ポイント

貸借対照表 (略称：BS) は、決算日時点において、企業がどこから資金を調達し、どのような資産で運用を行っているかという、企業の財政状態を表した財務諸表である。貸借対照表の左側に表示される運用資産額と右側に表示される資金調達額は、バランスが図れるように左右の金額が必ず一致する構造となっている。

1 貸借対照表の構造

貸借対照表は、決算日時点の企業の財政状態を資産・負債・純資産を用いて表した財務諸表である。企業が事業活動を行うために必要な資金をどこから調達して、調達した資金をどのような資産で運用しているかを対照表示している。

貸借対照表の左側は資金の「運用形態 (資産)」、右側は資金の「調達源泉 (負債と純資産)」を示している。また、返済義務のある負債は「他人資本」、反対に、返済義務のない純資産は「自己資本」と呼ばれる。

【 貸借対照表の構造 】

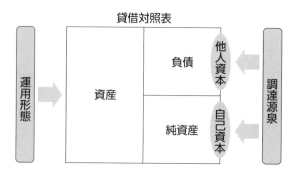

2 貸借対照表のひな形

貸借対照表は、資産の部、負債の部、純資産の部という3区分で構成される。貸借対照表の特徴として、「資産＝負債＋純資産」の関係式が成り立つ。つまり、左側の合計金額と右側の合計金額が必ず一致することとなる。

貸借対照表

(令和X年3月31日現在)

(単位：千円)

項　目	金　額	項　目	金　額
(資産の部)		(負債の部)	
Ⅰ　流動資産		Ⅰ　流動負債	
現金及び預金	8,000	支払手形	1,200
受取手形	2,000	買掛金	2,000
売掛金	3,000	短期借入金	300
有価証券	500	未払金	200
製品及び商品	1,500	リース債務	150
短期貸付金	500	未払法人税等	1,500
前払費用	300	賞与引当金	200
繰延税金資産	200	繰延税金負債	100
その他	400	その他	200
貸倒引当金	△ 100	流動負債合計	5,850
流動資産合計	16,300	Ⅱ　固定負債	
Ⅱ　固定資産		社債	500
(有形固定資産)	15,700	長期借入金	3,000
建物	5,000	リース債務	800
構築物	1,500	退職給付引当金	500
機械及び装置	6,000	繰延税金負債	50
工具、器具及び備品	800	その他	400
リース資産	1,100	固定負債合計	5,250
土地	1,000	負債合計	11,100
建設仮勘定	100	(純資産の部)	
その他	200	Ⅰ　株主資本	
(無形固定資産)	500	資本金	10,000
ソフトウェア	250	資本剰余金	
のれん	150	資本準備金	5,000
その他	100	その他資本剰余金	500
(投資その他の資産)	2,400	資本剰余金合計	5,500
関係会社株式	400	利益剰余金	
投資有価証券	800	利益準備金	100
出資金	500	その他利益剰余金	8,200
長期貸付金	430	任意積立金	200
長期前払費用	150	繰越利益剰余金	8,000
繰延税金資産	100	利益剰余金合計	8,300
その他	100	自己株式	△ 100
貸倒引当金	△ 80	株主資本合計	23,700
固定資産合計	18,600	Ⅱ　評価・換算差額等	
Ⅲ　繰延資産		その他有価証券評価差額金	100
社債発行費等	100	評価・換算差額等合計	100
繰延資産合計	100	Ⅲ　新株予約権	100
		純資産合計	23,900
資産合計	35,000	負債・純資産合計	35,000

必ず一致

3 流動・固定分類

　資産の部は「流動資産」と「固定資産」、負債の部は「流動負債」と「固定負債」に区分される。ある資産・負債が、流動または固定のいずれかに該当するかを決めるために、「正常営業循環基準」と「1年基準（ワンイヤー・ルール）」という2つのルールが用いられる。

① 正常営業循環基準

　売掛金、受取手形、買掛金、支払手形、棚卸資産といった通常の営業取引によって生じる項目については、流動項目に分類し、それ以外は固定項目に分類する基準である。

【 正常営業循環図 】

② 1年基準（ワンイヤー・ルール）

　営業取引以外により生じる資産・負債に適用され、1年以内に現金化される見込みの資産・負債を流動項目に分類し、それ以外は固定項目に分類する基準である。

【 流動・固定分類の判定フロー 】

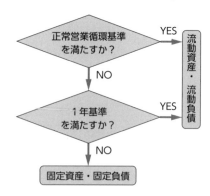

貸借対照表の構造は、第2章以降で学習する原価計算、経営分析、CVP分析など
を学習するために必要不可欠な知識である。したがって、効率的な学習をするた
めにも、はじめに本論点をしっかりと押さえておくことが重要となる。

過去問　令和5年度　第8問　売掛金（正常営業循環基準）
　　　　令和元年度　第7問　負債（資産除去債務・正常営業循環基準・引当金設定）

A 論点4 貸借対照表 (資産・負債・純資産項目)

> 有形・無形固定資産は、使用や時の経過によって価値が減少するため、減価償却手続きにより、帳簿価額を減額させる。
> 繰延資産は、原則として費用処理が求められるが、例外的に資産計上が認められている。その場合、一定の年数にわたり償却を行うことが必要となる。
> 引当金の設定要件4つをすべて満たす場合には、引当金の計上が強制される。

1 資産の部

① 流動資産

　現金および比較的短期間のうちに現金化することが見込まれる資産である。ある資産が流動資産に該当するかは、【論点3：貸借対照表 (構造)】の「正常営業循環基準」、「1年基準」をもとに決定される。

【 流動資産の代表的な勘定科目 】

現金及び預金	企業が保有する現金と預金
受取手形	営業取引を行ったものの、代金が未収となっている金額のうち、後日現金を受け取ることを約した手形で受け取ったもの
売掛金	営業取引を行ったものの、代金が未収となっている金額
製品及び商品	得意先に販売するために購入・製造した未販売の在庫
貸倒引当金	受取手形や売掛金などの債権は取引先の倒産により回収不能となる恐れがあるため、そのリスクに備え、見積もられた回収不能分を計上したもの (資産の部にマイナス計上される)

② 固定資産

　企業が事業活動を行うために長期にわたって利用・保有する資産である。固定資産は、さらに「有形固定資産」、「無形固定資産」、「投資その他の資産」に区分される。

【 有形固定資産の代表的な勘定科目 】

建物、土地	企業が事業活動を行うために利用・保有する建物、土地
機械及び装置	企業が事業活動を行うために利用・保有する機械及び装置
工具、器具及び備品	企業が事業活動を行うために利用・保有するトンカチなどの工具、机や椅子などの備品

【 無形固定資産の代表的な勘定科目 】

ソフトウェア	自社で使用するためのソフトウェア
のれん	買収時に発生する買収額と時価純資産との差額

【 投資その他の資産の代表的な勘定科目 】

関係会社株式	子会社株式および関連会社株式
投資有価証券	株式や社債などの有価証券のうち、1年以内に満期日が到来しないもの（関係会社株式を除く）
長期貸付金	他者に対する貸付のうち、1年以内に回収期限が到来しないもの

〈減価償却手続き〉

　有形固定資産および無形固定資産は、事業活動で使用されることにより収益獲得に貢献している。一方で、使用や時の経過によって、資産の価値は減少していく。この価値の減少分を使用期間にわたり費用として計上し、固定資産の帳簿価額をその分減少させる手続きを、減価償却手続きという。ただし、土地や電話加入権など使用や時の経過による価値の減少が認められない資産については、例外的に減価償却手続きの対象とならない。なお、減価償却手続き上、資産の使用期間のことを耐用年数という。

　減価償却の方法には、毎期均等額の減価償却費を計上する定額法や毎期期首未償却残高に一定率を乗じた減価償却費を計上する定率法などがある。

【 定額法と定率法の特徴と計算方法 】

償却方法		特徴	減価償却費の計算方法
定額法		毎期均等額を計上	取得価額×定額法の償却率 (*) *耐用年数5年の場合：0.2 　（=1÷5年） 　耐用年数10年の場合：0.1 　（=1÷10年）
定率法		初年度が最も多く、それ以降は減少する	未償却残高（前期末の帳簿価額）×定率法の償却率
	200%定率法	①定額法の償却率の2倍を200%定率法の償却率として計算。 ②計算した減価償却費が償却補償額より小さくなった年度から均等償却を行う	①取得価額×定額法の償却率×2 ②未償却残高（前期末の帳簿価額）×改定償却率

【 減価償却手続きの具体例 】

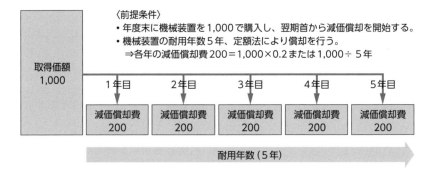

〈前提条件〉
- 年度末に機械装置を1,000で購入し、翌期首から減価償却を開始する。
- 機械装置の耐用年数5年、定額法により償却を行う。
  ⇒各年の減価償却費200＝1,000×0.2または1,000÷5年

なお、貸借対照表上、固定資産を減価償却費控除後の金額で表示する直接法と、固定資産は取得価額で表示し、過去に計上した減価償却費の累計額を示す「減価償却累計額」を用いて控除額を表示する間接法がある。

【 減価償却資産の表示方法 】

直接法		間接法	
機械及び装置	800	機械及び装置	1,000
		減価償却累計額	△200

③ 繰延資産

すでに代価の支払が完了し、または支払義務が確定し、これに対応する役務の提供を受けたにもかかわらず、その効果が将来にわたって発現するものと期待される費用を、翌期以降の期間に配分して処理するため、経過的に資産に計上したものである。繰延資産は、次の5つに限定される。

【 繰延資産の内容 】

科目	内容
株式交付費	株式の交付等のために直接支出した費用
社債発行費等	社債・新株予約権発行のために直接支出した費用
創立費	法人設立のために要した費用
開業費	法人設立後から営業を開始するまでの間にかかった開業準備のために支出した費用
開発費	新技術や新経営組織の採用、資源の開発、市場の開拓などのために特別に支出した費用

【 繰延資産の会計処理 】

科目名	原則	容認
株式交付費	支出時に営業外費用として処理	繰延資産に計上（株式交付のときから3年以内に償却）
社債発行費等		繰延資産に計上（社債の償還までの期間にわたり利息法により償却、継続適用を条件に定額法償却可）
創立費		繰延資産に計上（会社成立のときから5年以内に償却）
開業費		繰延資産に計上（開業のときから5年以内に償却）
開発費	支出時に売上原価または販管費として処理	繰延資産に計上（支出のときから5年以内に償却）

❷ 負債の部

① 流動負債

比較的短期間のうちに返済される負債である。

【 流動負債の代表的な勘定科目 】

支払手形	営業取引を行ったものの、代金が未払となっている金額のうち、後日現金を支払うことを約した手形で振り出したもの
買掛金	営業取引を行ったものの、代金が未払となっている金額
短期借入金	金融機関などからの借入金のうち、決算日から返済期限までの期間が1年以内のもの
未払法人税等	法人税、住民税及び事業税の未払い額
賞与引当金	従業員に翌期支払う賞与に備えて見積り計上した額

② 固定負債

流動負債と比較して返済までの期間が長期にわたる負債である。

【 固定負債の代表的な勘定科目 】

社債	資金調達のために個人または法人に「社債券」という有価証券を発行したことにより生じた債務
長期借入金	金融機関などからの借入金のうち、決算日から返済期限までの期間が1年超のもの
退職給付引当金	将来、従業員が退職したときに支払う退職給付のうち、当期までに負担すべき金額の見積り計上額

〈引当金〉

引当金とは、将来において発生が予想される費用または損失のうち、当期の収益に対応させるために貸借対照表に計上される項目である。次の4つの設定要件をすべて満たしている場合には、引当金の計上が強制される。具体的には、貸倒引当金、賞与引当金、退職給付引当金、製品保証引当金などがある。

【 引当金の設定要件 】

① 将来の特定の費用または損失であること
② その発生が当期以前の事象に起因すること
③ 発生の可能性が高いこと
④ 金額を合理的に見積もることができること

すべて満たした場合 ⇒  強制的に引当金を計上

❸ 純資産の部

　企業が株主から調達した資金および過去に獲得した利益の内部留保額などである。負債とは異なり、返済義務がないことから、自己資本と呼ばれる。

【 純資産の構成と各項目の内容 】

純資産の部の構造	内容
Ⅰ　株主資本	資本金＋資本剰余金＋利益剰余金−自己株式
資本金	会社法が定める法定資本
資本剰余金	資本準備金＋その他資本剰余金
資本準備金	株主からの出資額のうち、資本金に組み入れなかった部分など
その他資本剰余金	資本金・資本準備金の取り崩しによって生じる剰余金など
利益剰余金	利益準備金＋その他利益剰余金
利益準備金	その他利益剰余金から配当を行う場合に積み立てられた金額
その他利益剰余金	任意積立金＋繰越利益剰余金
任意積立金	企業の裁量により任意に積立した金額
繰越利益剰余金	過去に獲得した利益の内部留保分など
自己株式	過去に発行した株式を市場などから取得したもの
Ⅱ　評価・換算差額等	その他有価証券評価差額金など
Ⅲ　新株予約権	行使することで、当該企業の株式の交付を受けることができる権利

貸借対照表の基本を押さえるために、資産の部、負債の部および純資産の部の代表的な勘定科目の学習を優先させる。この基本をマスターした後に、個別論点である繰延資産の項目とその会計処理、引当金の設定要件を学習することが望ましい。

論点5　キャッシュ・フロー計算書

ポイント

キャッシュ・フロー計算書は、一会計期間のキャッシュの流れを、「営業活動」、「投資活動」および「財務活動」の3つの活動に区分して表示した財務諸表である。キャッシュ・フロー計算書のキャッシュとは、「現金及び現金同等物」を指し、貸借対照表の「現金及び預金」とは範囲が異なる。

1 キャッシュ・フロー計算書を作成する理由

キャッシュ・フロー計算書は、企業が一会計期間中に、資金をどのように調達し、生み出し、活用しているかというキャッシュ・フローの状況を表した財務諸表であり、貸借対照表、損益計算書とならび重要な財務諸表の1つである。

損益計算書は、発生主義および実現主義（【論点11：収益・費用の認識基準】参照）という現金収支のタイミングとは異なる認識基準に基づいて、会計期間の経営成績を表すものであり、利益の計上が必ずしも現金の増加とは連動せず、たとえ利益を確保していても回収条件・支払条件の影響で現金の収入が少ない場合は、資金ショートを起こし倒産（＝黒字倒産）することが起こり得る。

このように損益計算書では把握できない資金繰りの状況を把握するために、キャッシュ・フロー計算書が作成される。

2 キャッシュ・フロー計算書の構造

キャッシュ・フロー計算書は、企業の事業活動を「営業活動」、「投資活動」、「財務活動」の3つに区分して、キャッシュ・フローの状況を表している。これにより一会計期間で生じたキャッシュの増減がどのような活動から生じたかが明らかになる。

【 キャッシュ・フロー計算書の構造 】

I 営業活動によるキャッシュ・フロー

税引前当期純利益	50,000
減価償却費	15,000
貸倒引当金の増加額	500
受取利息及び受取配当金	−1,500
支払利息	2,500
有形固定資産売却益	−500
売上債権の増加額	−4,000
たな卸資産の減少額	5,000
仕入債務の減少額	−6,000
小　　計	61,000
利息及び配当金の受取額	1,000
利息の支払額	−2,000
損害賠償金の支払額	−
法人税等の支払額	−10,000
営業活動によるキャッシュ・フローの合計	50,000

II 投資活動によるキャッシュ・フロー

有価証券の取得による支出	−13,000
有価証券の売却による収入	2,000
有形固定資産の取得による支出	−20,000
有形固定資産の売却による収入	1,000
投資有価証券の取得による支出	−500
投資有価証券の売却による収入	1,000
貸付けによる支出	−1,000
貸付金の回収による収入	500
投資活動によるキャッシュ・フローの合計	−30,000

III 財務活動によるキャッシュ・フロー

短期借入れによる収入	60,000
短期借入金の返済による支出	−70,000
長期借入れによる収入	10,000
長期借入金の返済による支出	−15,000
社債の発行による収入	1,000
社債の償還による支出	−1,000
株式の発行による収入	10,000
自己株式の取得による支出	−
配当金の支払額	−5,000
財務活動によるキャッシュ・フローの合計	−10,000

IV	現金及び現金同等物の増加額	10,000
V	現金及び現金同等物の期首残高	200,000
VI	現金及び現金同等物の期末残高	210,000

「営業活動によるキャッシュ・フロー」は、営業活動から生じるキャッシュのため、良否を判断するうえではプラスが望ましい。

　「投資活動によるキャッシュ・フロー」は、設備投資や金融投資から生じるキャッシュである。事業を継続するためには設備の取替・更新による支出が必要不可欠なことから、通常はマイナスとなる。

　「財務活動によるキャッシュ・フロー」は、資金調達活動から生じるキャッシュであり、借入調達や返済の状況を示している。企業が採用する財務政策などの影響を受けるため、単純にプラスかマイナスで良否を判断できるものではない。

❸ 現金及び現金同等物

　キャッシュ・フロー計算書のキャッシュとは、正確には「現金及び現金同等物」のことを指し、貸借対照表の「現金及び預金」とは必ずしも一致しない。「現金及び現金同等物」の範囲は、次のとおりである。現金と短期的に引出可能な預金が範囲に含まれ、預入期間が3カ月を超える定期預金は範囲に含まれない。

【 現金及び現金同等物の範囲 】

現金	具体例	手許現金、要求預金（普通預金、通知預金、当座預金、定期預金（3カ月以内））
現金同等物	内容	容易に換金可能であり、かつ、価値の変動について僅少なリスクしか負わない短期投資
	具体例	取得日から満期・償還日までが3カ月以内の定期預金、譲渡性預金、コマーシャル・ペーパー、現先、公社債投資信託

追加 ポイント

令和2年度に現金及び現金同等物と現金及び預金の違いを問う問題、令和5年度にキャッシュ・フロー計算書に含まれる資金の範囲について触れる問題が出題されている。同様の問題が出題された場合、上記すべての具体例を覚えていなくても、3カ月以内、価値変動が少ない投資というポイントを押さえておくことで正解を導ける可能性がある。

【論点24：営業CF】【論点25：投資CF・財務CF】参照

A 論点6　複式簿記

> ### ポイント
>
> 複式簿記は、企業の財政状態と経営成績を明らかにするために、企業が行う経済的取引を「仕訳」によって、記録・計算・整理する手続きのことである。「仕訳」は財務諸表作成の基礎であり、これを集計することで、貸借対照表と損益計算書を作成することができる。

❶ 複式簿記とは

簿記は、単式簿記と複式簿記の2種類に分類される。単式簿記は、現金の増減のみを把握する簿記のことであり、家計簿が該当する。一方、企業会計で用いられる複式簿記は、取引の2面性に着目し、複雑で多様な取引を、5つの要素（「資産」、「負債」、「純資産」、「収益」、「費用」）をもって分類・測定する。この取引要素相互間で因果関係を認識することを「仕訳」といい、取引ごとに作成された「仕訳」を集計していくことで、財務諸表を作成することができる。

❷ 仕訳の作成ルール

仕訳は、①5つの要素に属する「勘定科目」を用いて、②借方（左側）と貸方（右側）に勘定科目および金額を記録して作成される。その際に、借方に計上した金額と貸方に計上した金額は必ず一致しなければならない。

取引要素のうち、「資産」および「費用」は、借方に計上すると増加・発生し、貸方に計上すると減少・消滅する。一方、「負債」、「純資産」および「収益」は、借方に計上すると減少・消滅し、貸方に計上すると増加・発生する。

【 取引要素の増加・発生と減少・消滅 】

取引要素	借方計上	貸方計上
資産	増加	減少
負債	減少	増加
純資産	減少	増加
収益	消滅	発生
費用	発生	消滅

ここで、「現金1,000円で土地を購入した」という取引に係る仕訳について、考えてみよう。複式簿記は、取引の2面性に着目するため、この取引は一面では「土地が増加した」ものの、もう一面では「現金は減少した」取引と捉えることができる。この取引を複式簿記で記録すると次の仕訳が出来上がる。

【 仕訳例 】

❸ 仕訳の種類

　取引要素を組み合わせることで多様な経済的取引を、仕訳として記録することができる。そこで、代表的な取引要素の組み合わせにおける仕訳例を以下に示す。なお、収益および費用の消滅は限られた場合における処理のため、次の組み合わせには含めていない。

【 取引要素の組み合わせ 】

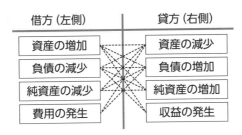

1.（借方）資産の増加×（貸方）資産の減少

取引内容	仕入先から現金1,000円で商品を購入した。					
仕訳	（借方）	商品	1,000	（貸方）	現金	1,000

2. (借方) 資産の増加 × (貸方) 負債の増加

取引内容	銀行から10,000円を借り入れた。
仕訳	(借方) 現金 10,000 (貸方) 借入金 10,000

3. (借方) 資産の増加 × (貸方) 純資産の増加

取引内容	株主から現金20,000円の出資を受けて会社を設立した。
仕訳	(借方) 現金 20,000 (貸方) 資本金 20,000

4. (借方) 資産の増加 × (貸方) 収益の発生

取引内容	得意先に商品を3,000円で販売し、販売代金は掛けとした。
仕訳	(借方) 売掛金 3,000 (貸方) 売上 3,000

5. (借方) 負債の減少 × (貸方) 資産の減少

取引内容	借入金返済として、銀行に現金2,000円を支払った。
仕訳	(借方) 借入金 2,000 (貸方) 現金 2,000

6. (借方) 負債の減少 × (貸方) 負債の増加

取引内容	仕入代金1,500円の買掛金を、手形を振り出して支払った。
仕訳	(借方) 買掛金 1,500 (貸方) 支払手形 1,500

7. (借方) 費用の発生 × (貸方) 資産の減少

取引内容	従業員に給与4,000円を現金で支払った。
仕訳	(借方) 給与 4,000 (貸方) 現金 4,000

8. (借方) 費用の発生 × (貸方) 負債の増加

取引内容	会議代1,000円について、翌月末に支払う契約とした。
仕訳	(借方) 会議費 1,000 (貸方) 未払金 1,000

4 各勘定科目と貸借対照表および損益計算書の関係

　一会計期間に生じた経済的取引は、すべて仕訳によって記録され、勘定科目ごとに集計される。資産、負債および純資産の各勘定は、ストック項目のため、期首残高（＝前期末残高）に当期に発生した増減額を加減算して、期末残高を算定する。この期末残高が貸借対照表へ集計されることとなる。

　一方で、収益および費用の各勘定は、フロー項目のため、前期末残高という概念がなく、当期に発生した金額が損益計算書へ集計されることとなる。なお、損益計算書で計算された当期の利益は、貸借対照表の期末純資産の利益剰余金に加算される。

【 勘定記入の流れ 】

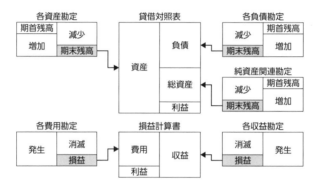

追加 ポイント

- 仕訳から取引内容を推測させる問題、複数の仕訳から特定の勘定科目残高を計算させる問題が出題されている。
- 仕訳は財務諸表の作成における最も基礎となる部分である。5つの取引要素が借方または貸方に計上された場合に、増加・減少のどちらに該当するかを確実に押さえておくことが重要となる。

論点7 帳簿組織と主要簿

ポイント

会計帳簿は、主要簿と補助簿で構成される。主要簿は、仕訳帳と総勘定元帳のことを指し、日々の取引を仕訳帳に記入し、勘定科目ごとに総勘定元帳へ転記を行う。総勘定元帳の転記方法には、すべての取引を仕訳帳から転記する「単一仕訳帳制度」と、特定の取引については補助簿に記帳し、そこから転記する「特殊仕訳帳制度」がある。

1 帳簿組織の体系

　日々の取引は仕訳という形で仕訳帳に記入され、総勘定元帳へ転記される。仕訳帳は取引の発生順に仕訳を記録しているため、勘定科目ごとの増減が把握できない。そこで、勘定科目ごとの増減を総勘定元帳へ転記することで、増減の把握を行う。

　また、現金及び預金、売上、仕入などの重要な勘定科目については適時に取引内容の詳細を確認できるように現金出納帳、預金出納帳、売上帳、仕入帳といった補助記入帳を用いることもある。さらに、商品別在庫有高や取引先別の売掛金・買掛金残高を把握できるように商品有高帳、売掛金元帳、買掛金元帳などの補助元帳を用いることもある。補助記入帳と補助元帳を総称して、補助簿といい、これらは主要簿を補助する役割を担う。

【 帳簿組織の全体図 】

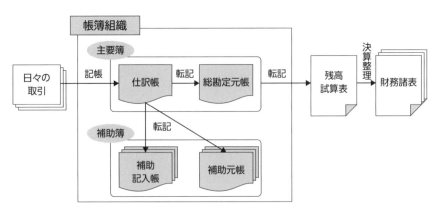

② 仕訳帳（単一仕訳帳制度と特殊仕訳帳制度）

　すべての取引を仕訳帳に記録し、総勘定元帳へ転記する最も基本的な帳簿組織を単一仕訳帳制度という。

　しかしながら、すべての取引を仕訳帳に記録し、必要に応じて補助簿への記入を行う場合、取引量が増加するにつれて多くの時間と手間を要することとなる。そこで特定の取引（現金取引、売上取引、仕入取引など）は仕訳帳に記入せず、補助簿に取引内容を記入し、そこから総勘定元帳への転記を行うことで記帳の手間を省くことができる。このような帳簿組織を特殊仕訳帳制度といい、この場合の仕訳帳を普通仕訳帳、補助簿を特殊仕訳帳と呼ぶ。

③ 総勘定元帳（T字勘定）

　個々の勘定の増減を記録・計算するために、総勘定元帳に設けられた記入欄のことを勘定口座といい、これを簡略化した形式のことをT字勘定という。Tで区切った左側は借方、右側は貸方を意味している。

　記入例にある売掛金のT字勘定では、前期繰越高（＝前期末残高）100に当期の売上による増加200と現金回収による減少150を加減算し、次期繰越高（＝当期末残高）は150であることを意味している。

【 T字勘定の記入例 】

勘定科目名				売掛金			
（日付）	（摘要）	（金額）	（日付）（摘要）（金額）	4/1	前期繰越高 100	7/25 現	金 150
				6/14	売 上 200	3/31 次期繰越高 150	

相手勘定科目名や前期繰越高などが記載される

追加 ポイント

- 平成22年度と平成26年度に単一仕訳帳制度と特殊仕訳帳制度の内容を問う問題が出題されており、それぞれの特徴と違いを意識しながら、学習するとよい。
- 問題文にT字勘定形式で勘定科目の数値情報が与えられる場合もあるため、T字勘定の構造を理解しておく必要がある。

過去問　過去5年間での出題はない。

論点8　補助簿

ポイント

補助簿は、特定の勘定科目について詳細な取引内容を把握できるように主要簿を補助する役割を担い、商品有高帳、売上帳、仕入帳などの帳簿がある。商品有高帳の払出単価の計算方法として、主に先入先出法、移動平均法、総平均法が採用される。

1 補助簿とは

　補助簿は、主要簿をカバーするため、特定の取引における詳細なデータ（数量、単価、品名別など）を記録するための帳簿である。企業の必要性に応じて任意に作成される。代表的な補助簿には、商品有高帳、売上帳、仕入帳がある。

2 補助簿の具体例

①商品有高帳

　商品有高帳は、商品の種類ごとに、受入・払出・残高の明細（数量、単価、金額）を記録した帳簿である。

【 商品有高帳の具体例 】

商 品 有 高 帳

先入先出法　　　　　　　　　　品名　　XXX

月日		摘要	受入			払出			残高		
			数量	単価	金額	数量	単価	金額	数量	単価	金額
6	1	前月繰越	100	100	10,000				100	100	10,000
	8	仕　　入	200	120	24,000				⎧ 100	100	10,000
									⎩ 200	120	24,000
	12	売　　上				⎧ 100	100	10,000			
						⎩ 80	120	9,600	120	120	14,400
	18	仕　　入	60	150	9,000				⎧ 120	120	14,400
									⎩ 60	150	9,000
	25	売　　上				120	120	14,400	60	150	9,000
	31	次月繰越				60	150	9,000			
			360		43,000	360		43,000			
7	1	前月繰越	60	150	9,000				60	150	9,000

商品有高帳の払出金額や在庫残高は、企業が採用する払出単価の評価計算方法によって異なる。主な計算方法は次の３つである。

先入先出法：先に仕入れた商品から順に払出が行われると仮定し、商品の払
　　　　　出単価を決定する方法（商品有高帳の具体例参照）
移動平均法：商品を受け入れる都度、平均単価を算定し、この平均単価をもっ
　　　　　て次の払出単価を決定する方法

$$\text{移動平均法}\ \text{の平均単価} = \frac{\text{直前の残高金額＋仕入金額}}{\text{直前の残高数量＋仕入数量}}$$

総平均法　：一会計期間中またはひと月に受け入れたすべての商品の平均単
　　　　　価を算定し、この平均単価をもって次の払出単価を決定する方
　　　　　法

$$\text{総平均法}\ \text{の平均単価} = \frac{\text{期首の残高金額＋当期の仕入金額}}{\text{期首の残高数量＋当期の仕入数量}}$$

②仕入帳と売上帳

　仕入帳は、仕入取引について、仕入先、商品名、数量および単価などを取引発生順に記録した帳簿である。売上帳は、売上取引について、販売先、商品名、数量および単価などを取引発生順に記録した帳簿である。なお、返品や値引きについては、赤字で記入する。

【 仕入帳と売上帳の具体例 】

仕　入　帳

月	日	摘　　要		内訳	金額
7	4	A 商品	掛		
		甲品　50　@¥420		21,000	
		乙品　40　@¥600		24,000	45,000
	5	**A 商品**	**掛返品**		
		甲品　10　@¥420			**4,200**
	23	B 商品	現金		
		甲品　40　@¥400			16,000
		総　仕　入　高			61,000
		仕　入　戻　し　高			**4,200**
		純　仕　入　高			56,800

売　上　帳

月	日	摘　　要		内訳	金額
7	6	C 商品	掛		
		甲品　40　@¥550			22,000
	25	D 商品	掛		
		甲品　30　@¥560		16,800	
		乙品　40　@¥800		32,000	48,800
	26	**D 商品**	**掛値引**		
		甲品　16　@¥50			**800**
		総　売　上　高			70,800
		売　上　値　引　高			**800**
		純　売　上　高			70,000

出所：平成24年度中小企業診断士第1次試験　財務・会計　第2問

　追加 ポイント

補助簿を読み取り、売上原価や棚卸資産残高を算定させる問題が繰り返し出題されている。具体例に記載した補助簿から情報を正確に読み取り、払出単価や在庫残高を計算できるようになることが望ましい。

過去問　令和5年度　第1問　売上原価策定（移動平均法）

B 論点9 決算手続

ポイント

決算手続とは、日々の取引記録を勘定科目ごとに集計した総勘定元帳から、企業の財政状態および経営成績を表す財務諸表を作成する一連の手続きのことである。

1 決算手続の一巡

　期中は、取引発生の都度、仕訳帳に記入し、集計結果を勘定科目ごとに総勘定元帳へ転記する。期末は、総勘定元帳から勘定科目ごとに残高試算表へ集計し、精算表で決算整理手続きを行い、損益計算書と貸借対照表を作成する。

【 決算手続フロー 】

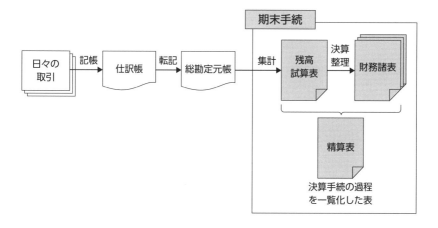

2 残高試算表

　残高試算表とは、総勘定元帳の勘定科目ごとの借方と貸方の金額の差額のみを集計して作成した表をいう。これを作成することで期中の取引が適切に記録され、総勘定元帳へ正しく転記されたことが確かめられる。

【 残高試算表の具体例 】

決算整理前残高試算表

借　　方	勘　定　科　目	貸　　方
5,000	現　　　　　　　金	
15,000	当　座　預　金	
30,000	売　　掛　　金	
	貸　倒　引　当　金	1,000
6,000	繰　越　商　品	
12,000	備　　　　　　品	
	備品減価償却累計額	5,400
	買　　掛　　金	7,600
	借　　入　　金	18,000
	資　　本　　金	40,000
	売　　　　　　上	68,000
57,000	仕　　　　　　入	
11,000	給　　　　　　料	
3,000	支　払　家　賃	
1,000	支　払　利　息	
140,000	◀─ 必ず一致 ─▶	140,000

❸ 精算表

　精算表とは、決算整理前残高試算表からスタートして決算整理事項を記入し、損益計算書と貸借対照表を作成する過程を事前に一覧できるようにした表をいう。一覧表示できるため、決算を正確に迅速に行うのに役立つ。

【 精算表の具体例 】

精　算　表

	残高試算表 借方	残高試算表 貸方	修正記入 借方	修正記入 貸方	損益計算書 借方	損益計算書 貸方	貸借対照表 借方	貸借対照表 貸方
現　　　　　金	130						130	
当 座 預 金	828						828	
売 　 掛 　 金	360						360	
繰 越 商 品	206		198	206			198	
貸 　 付 　 金	270						270	
備　　　　　品	300						300	
買 　 掛 　 金		355						355
貸 倒 引 当 金		5		13				18
減価償却累計額		90		45				135
資 　 本 　 金		1,500						1,500
売 　 　 　 上		1,440				1,440		
受 取 利 息		10		5		15		
仕 　 　 　 入	1,152		206	198	1,160			
給 　 　 　 料	100				100			
支 払 家 賃	36		12		48			
保 　 険 　 料	18			9	9			
	3,400	3,400						
貸倒引当金繰入			13		13			
減 価 償 却 費			45		45			
前 払 保 険 料			9				9	
未 払 家 賃				12				12
未 収 利 息			5				5	
当 期 純 利 益					80			80
			488	488	1,455	1,455	2,100	2,100

貸借差額で算定

〈 精算表作成のポイント 〉

- ☑ 残高試算表、修正記入、損益計算書、貸借対照表欄の借方と貸方の合計
金額は一致する。
- ☑ 資産・負債・純資産項目は、残高試算表の金額に修正記入の金額を加減
算した金額を貸借対照表へ転記する。
- ☑ 収益・費用項目は、残高試算表の金額に修正記入の金額を加減算した金
額を損益計算書へ転記する。
- ☑ 転記完了後に損益計算書で生じた貸借差額を当期純利益とし、貸借を反
対にして貸借対照表に転記する。

４ 決算整理事項

損益計算書と貸借対照表の作成に当たり必要となる主な決算整理事項には、
次のものがある。

① 売上原価の計算

売上原価は、次の計算式により算定される。

> 売上原価 ＝ 期首商品棚卸高 ＋ 当期商品仕入高 － 期末商品棚卸高

精算表からは次のように数値を読み取って計算を行う。

期首商品棚卸高　　206　（繰越商品：残高試算表欄借方）

＋ 当期商品仕入高　1,152　（仕入：残高試算表欄借方）

－ 期末商品棚卸高　　198　（繰越商品：貸借対照表欄借方）

＝ 売上原価　　　　1,160

なお、売上原価には後述の棚卸減耗費と商品評価損が含まれる場合がある。

② 棚卸資産の評価（〈棚卸減耗費と商品評価損〉参照）

③ 固定資産の減価償却（【論点４：貸借対照表（資産・負債・純資産項目）】参照）

④ 経過勘定の計上（【論点13：経過勘定】参照）

⑤ 引当金の設定（【論点４：貸借対照表（資産・負債・純資産項目）】参照）

⑥ 有価証券の評価替え（【論点23：金融商品会計基準】参照）

〈棚卸減耗費と商品評価損〉

商品有高帳から常に商品の払出数量と残りの数量を把握することができるが、

商品の盗難や紛失などによる減耗は反映されない。したがって、期末時点に実地棚卸を行い、帳簿上の数量と実際に調査した数量を比較し、数量が不足した場合にはその損失を棚卸減耗費として損益計算書に計上する。

棚卸減耗費 ＝（帳簿棚卸数量 － 実地棚卸数量）× 原価

また、期末時点において商品の時価が原価よりも低下した場合は、帳簿価額の引き下げを行う必要がある。このときの時価と原価との差額による損失を商品評価損として損益計算書に計上する。

商品評価損 ＝（原価 － 時価）× 実地棚卸数量

両者の損益計算書における計上区分は、次のとおりである。ここで原価性ありとは、通常毎期発生する程度の減耗および評価損のことをいい、原価性なしとは、火災などで臨時的・偶発的に発生した減耗および評価損のことをいう。

【 棚卸減耗費と商品評価損の計上区分 】

	原価性あり	原価性なし
棚卸減耗費	売上原価または販売費	営業外費用または特別損失
商品評価損	売上原価	特別損失（多額の場合）

【 棚卸減耗費と商品評価損の計算例 】

設例： 次の期末商品に関する資料に基づく棚卸減耗費と商品評価損はいくらか。
（平成29年度中小企業診断士第1次試験　財務・会計　第1問改題）

帳簿棚卸数量	60個	原価	@200円
実地棚卸数量	50個	正味売却価額	@190円

解答： 棚卸減耗費＝(60個－50個)×@200円＝2,000円
　　　　商品評価損＝(@200円－@190円)×50個＝500円

- 平成23年度以前は、決算整理前残高試算表と精算表は2年に1度の割合で出題されていた論点である。残高試算表と精算表の具体例から構造や作成ルールを理解しておき、数値の穴埋め問題などに対応できるように準備しておくことが望ましい。
- 棚卸減耗費と商品評価損は、それぞれの計算式を混同せずに覚えるとともに、いずれも原価性ありの場合には売上原価に含まれることを覚えておくことが大切である。

過去問　令和2年度　第1問　売上原価算定（棚卸減耗損と商品評価損）
　　　　令和元年度　第6問　商品評価損

論点10　本支店会計

本支店会計とは、本店と支店を設けて事業活動を行う場合に企業が採用する会計制度をいう。複数の支店が存在する場合の支店相互間取引を処理する方法として、本店集中計算制度と支店分散計算制度の2種類がある。

1 本支店間取引

　本店と支店との間の取引が行われた場合に企業内で債権債務の関係が生じる。この場合に、本店は「支店勘定」、支店は「本店勘定」を用いて債権債務残高を明らかにする。原則として「支店勘定」と「本店勘定」は貸借逆に同額が記入されることとなるため、残高は貸借逆で必ず一致する。

　本支店間取引には、①現金の送金、②商品の発送、③債権の代理回収、④債務の立替払いなどがある。

① 現金の送金

取引例	本店は支店に現金1,000円を送金した。
仕訳	本店：(借方) 支店　　1,000　　(貸方) 現金　　1,000
	支店：(借方) 現金　　1,000　　(貸方) 本店　　1,000

② 商品の発送

取引例	本店は支店に商品500円を10%の利益を加算して発送した。
仕訳	本店：(借方) 支店　　　　550　　(貸方) 支店への売上　550
	支店：(借方) 本店より仕入　550　　(貸方) 本店　　　　　550

③ 債権の代理回収

取引例	支店は本店管理ビルのテナントから家賃として現金2,000円を受け取った。
仕訳	本店：(借方) 支店　　2,000　　(貸方) 受取家賃　　2,000
	支店：(借方) 現金　　2,000　　(貸方) 本店　　　　2,000

④ 債務の立替払い

取引例	支店は本店従業員の出張旅費300円を現金で立替払いした。			
仕訳	本店：(借方) 旅費交通費	300	(貸方) 支店	300
	支店：(借方) 本店	300	(貸方) 現金	300

2 支店相互間取引

支店が複数存在する場合に、支店相互間取引を処理する方法は、次の2つである。

① 本店集中計算制度…本店を経由して支店相互間の取引が行われたとみなして記帳する方法、本店でもその取引を各支店の支店勘定に記帳する。

取引例	A支店はB支店に現金1,000円を送金した。			
仕訳	本店　：(借方) B支店	1,000	(貸方) A支店	1,000
	A支店：(借方) 本店	1,000	(貸方) 現金	1,000
	B支店：(借方) 現金	1,000	(貸方) 本店	1,000

② 支店分散計算制度…それぞれの支店において他の支店名を付した勘定を用いて記帳する方法、本店では記帳が行われない。

取引例	A支店はB支店に現金1,000円を送金した。			
仕訳	本店　：仕訳なし			
	A支店：(借方) B支店	1,000	(貸方) 現金	1,000
	B支店：(借方) 現金	1,000	(貸方) A支店	1,000

3 未達取引 (未達事項) の整理

未達取引とは、本支店間取引について、本店または支店のいずれかが記帳しているものの、通知の未達が原因で一方が記帳していない取引をいう。未達取引が生じる場合は、本店勘定と支店勘定残高の金額が不一致となるため、未達側は未達取引の記帳を行い、金額を一致させる必要がある。

追加｜ポイント

本支店会計のうち、支店相互間取引が頻出であり、本店集中計算制度と支店分散
計算制度のいずれも出題実績がある。主に計算問題で出題されているため、それ
ぞれにおいてどのような仕訳がなされるかを押さえる必要がある。

過去問　令和3年度　第2問　本支店会計（本店集中計算制度）

A 論点11　収益・費用の認識基準

ポイント

損益計算書を作成するためには、適正に期間損益計算を行う必要があり、収益・費用をどのようなルールに基づき認識するかが重要となる。原則として収益は実現主義、費用は発生主義で認識される。また、「企業会計原則」では、特殊な販売形態 (委託販売、試用販売、割賦販売、予約販売) における実現主義の具体例が定められている。

1 現金主義と発生主義

　収益・費用の代表的な認識基準として、現金主義と発生主義がある。現金主義とは、現金の収入・支出があった時点で、収益・費用を認識する考え方である。発生主義とは、現金の収支とは関係なく、経済的事実の発生に基づいて収益・費用を計上する考え方である。たとえば、電気・水道・ガスなどの公共料金の支払いが行われていない場合でも、企業がそれを消費した時点で費用として認識する考えをいう。

　信用経済が発展した現代の社会では現金主義をもって業績評価を適正に表すことは困難なことから、企業会計では、費用を原則として発生主義に基づき計上する。ただし収益については、原則として次の実現主義の考え方を適用する。

2 実現主義

　実現主義とは、収益を実現の時点に基づいて計上する考え方である。ここでいう実現とは、①財貨 (商品など) または役務 (サービス) の提供 (＝商品の引き渡しなど) と、②これに対する現金同等物 (現金や売掛金などの金銭債権) を取得することの2つの条件を満たすことをいう。

　費用は経済的事実が発生した時点で認識するのに対して、収益はより慎重に認識するため、実現主義を採用することを求められている。

【収益・費用の原則的な認識基準】

収益	実現主義
費用	発生主義

❸ 特殊商品売買における実現主義の具体例

特殊な販売形態については、「企業会計原則」(注解6)において、実現主義の具体例を規定している。

【 特殊商品売買における収益の認識基準 】

	販売方法	認識基準
委託販売	他者 (受託者) に手数料を支払って商品の販売を代行依頼する販売方法	〈原則〉受託者が委託品を販売した日をもって収益実現とする 〈容認〉仕切精算書が販売の都度送付される場合は仕切精算書が到達した日をもって収益実現とする
試用販売	得意先に商品を引き渡して試験的に使用してもらい、得意先が買取りの意思表示をしたときに販売が成立する販売方法	得意先が買取りの意思表示をした日をもって収益実現とする
割賦販売	商品の販売代金を複数回に分割して、分割された額 (＝割賦金) の支払を定期的に受けることを定めた契約に基づいて商品を引き渡す販売方法	〈原則〉商品を引き渡した日をもって収益実現とする 〈容認〉割賦金の入金の日または回収期限の到来の日をもって収益実現とする
予約販売	将来の特定期日に商品の引き渡しまたはサービスの提供を行うことを約して代金の一部または全部を予約金として受け取る販売形態	商品の引き渡しまたはサービスの提供が完了した部分のみ収益認識

追加 ポイント

4つの特殊な販売形態において、収益がそれぞれどのタイミングで実現するかを覚えておくことで、過去に出題された問題に対応することができる。

過去問
令和5年度 第2問 収益認識基準 (契約資産)
令和4年度 第3問 収益認識基準 (委託／割賦／試用／予約)
令和3年度 第6問 収益認識基準 (検収／出荷／工事／販売)

B 論点12　値引き・返品・割戻・割引

ポイント

> 値引き・返品・割戻の会計処理は、売上高または仕入高から控除する。それに対して、割引の会計処理は、営業外費用または営業外収益に計上する。

1 値引きの会計処理

値引きとは、商品販売後に品質不良や欠陥などの理由から、商品代金の減額を行うこと。会計処理は、売上または仕入の減額として処理する。

設例	① 得意先に1,000円で販売した商品について、品質不良により100円の値引きを行った。 ② 仕入先から1,000円で仕入れた商品について、品質不良により100円の値引きを受けた。
仕訳	① (借方)売上高　100　　　(貸方)売掛金　100 ② (借方)買掛金　100　　　(貸方)仕入高　100

2 返品（戻り・戻し）の会計処理

返品（戻り・戻し）とは、商品販売後に品違いや欠陥などの理由から、商品の返送を行うこと。会計処理は、売上または仕入の取り消しとして処理する。

設例	③ 得意先に1,000円で販売した商品を品違いにより返品された。
	④ 仕入先から1,000円で仕入れた商品を品違いにより返品した。
仕訳	③ (借方)売上高　1,000　　　(貸方)売掛金　1,000
	④ (借方)買掛金　1,000　　　(貸方)仕入高　1,000

3 割戻の会計処理

割戻とは、一定期間中に一定の金額や数量を超える取引を行った場合に、売り手（買い手）が販売（仕入）代金の一部減額を行う（受ける）こと。いわゆるリベートの一種である。会計処理は、売上または仕入の減額として処理する。

設例	⑤ 得意先に対して 5,000 円のリベートを支払った。
	⑥ 仕入先から 5,000 円のリベートを受けた。
仕訳	⑤ (借方) 売上高　5,000　　　(貸方) 売掛金　5,000
	⑥ (借方) 買掛金　5,000　　　(貸方) 仕入高　5,000

🛚 割引の会計処理

　割引とは、売掛金 (買掛金) の入金 (支払) 予定日よりも前に買い手 (売り手) が入金 (支払) を行った (受けた) 場合、実際の入金 (支払) 日から約定の入金 (支払) 予定日までの期間における金利相当分を掛代金から減額すること。減額分は金利的な性格を有するため、売上 (仕入) 割引勘定を用いて営業外費用 (営業外収益) として処理する。

設例	⑦ 得意先から販売代金の期日前入金を受け、5,000 円の割引を行った。
	⑧ 仕入代金の期日前支払を行い、仕入先から 5,000 円の割引を受けた。
仕訳	(借方) 売上割引　5,000　　　(貸方) 売掛金　　5,000
	(借方) 買掛金　　5,000　　　(貸方) 仕入割引　5,000

追加 ポイント

値引き・返品・割戻・割引のいずれかがある場合の売上高・売上原価を算定する問題、または売上控除とならない項目を解答させる問題が出題されている。割引のみが売上高・仕入高の控除項目ではないことを理解しておけば正解にたどりつくことは難しくない。

過去問
令和3年度　第1問　売上控除項目 (売上値引・売上戻り・売上割引・売上割戻)
令和元年度　第1問　売上総利益算定 (売上戻り・仕入戻し)

論点13 経過勘定

ポイント

経過勘定は、一定の契約に従い、継続して役務の提供を受けるまたは行う場合に、適正な期間損益計算を行う目的で、役務提供の時期と現金収入・支出の時期とのズレを調整するために使用する勘定である。

1 経過勘定の種類

　経過勘定は、以下の4つに分類される。すでに現金の収支があり収益・費用に計上されているものの、翌期に損益を繰り延べる必要がある場合を「収益・費用の繰延」といい、現金の収支がなくても当期に収益・費用を計上する必要がある場合を「収益・費用の見越」という。

【 経過勘定の分類 】

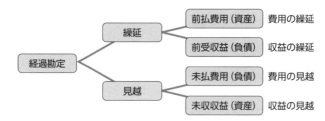

2 前払費用（資産項目）

　翌期に役務の提供を受けるものの、当期にその対価を支払った場合、役務の提供時にあわせて翌期に費用を計上するために使用する経過勘定である。

　設例：A社は、B社に対して1~6月分の事務所家賃6,000円（月額1,000円）を12月31日に支払った。

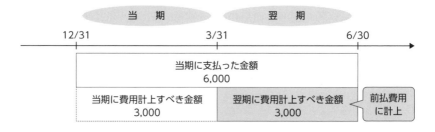

仕訳：

支払日 12/31	（借方）地代家賃	6,000	（貸方）現金預金	6,000
決算日 3/31	（借方）前払費用	3,000	（貸方）地代家賃	3,000
振替日 4/1	（借方）地代家賃	3,000	（貸方）前払費用	3,000

3 前受収益（負債項目）

　翌期に役務の提供を行うものの、当期にその対価を受け取った場合、役務の提供時にあわせて翌期に収益を計上するために使用する経過勘定である。

　設例：B社は、A社から1～6月分の事務所家賃6,000円（月額1,000円）を
　　　　12月31日に受け取った。

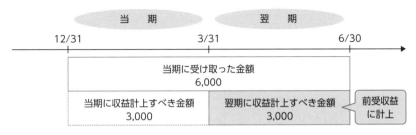

仕訳：

入金日 12/31	（借方）現金預金	6,000	（貸方）受取家賃	6,000
決算日 3/31	（借方）受取家賃	3,000	（貸方）前受収益	3,000
振替日 4/1	（借方）前受収益	3,000	（貸方）受取家賃	3,000

4 未払費用（負債項目）

　当期に役務の提供を受けたものの、翌期にその対価を支払う場合、役務の提供時にあわせて当期に費用を計上するために使用する経過勘定である。

　設例：C社は、D社に対して1～6月分の借入利息6,000円を6月30日に支
　　　　払った。

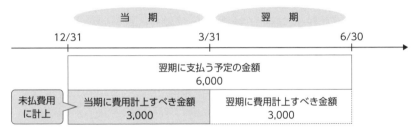

仕訳：

決算日3/31	（借方）	支払利息	3,000	（貸方）	未払費用	3,000
振替日4/1	（借方）	未払費用	3,000	（貸方）	支払利息	3,000
支払日6/30	（借方）	支払利息	6,000	（貸方）	現金預金	6,000

5 未収収益（資産項目）

　当期に役務の提供を行ったものの、翌期にその対価を受けとる場合、役務の提供時にあわせて当期に収益を計上するために使用する経過勘定である。

　設例：D社は、C社から1～6月分の貸付利息6,000円を6月30日に受け取った。

仕訳：

決算日3/31	（借方）	未収収益	3,000	（貸方）	受取利息	3,000
振替日4/1	（借方）	受取利息	3,000	（貸方）	未収収益	3,000
受取日6/30	（借方）	現金預金	6,000	（貸方）	受取利息	6,000

中小企業診断協会が公表している令和6年度の「財務・会計」の科目設置の目的と内容は、以下のとおりです (令和5年9月11日に変更を発表)。

科目設置の目的

　財務・会計に関する知識は企業経営の基本であり、また企業の現状把握や問題点の抽出において、財務諸表等による経営分析は重要な手法となる。また、今後、中小企業が資本市場から資金を調達したり、成長戦略の一環として他社の買収等を行うケースが増大することが考えられることから、割引キャッシュフローの手法を活用した投資評価や、企業価値の算定等に関する知識を身につける必要もある。このため、企業の財務・会計について、以下の内容を中心に知識を判定する。

内　容

(1) 簿記の基礎
簿記原理、会計帳簿、決算処理一巡 (試算表・精算表の作成、決算仕訳、貸借対照表・損益計算書の作成)、その他

(2) 企業会計の基礎
損益計算書 (収益の会計、費用の会計)、貸借対照表 (資産の会計、負債の会計、純資産の会計)、キャッシュ・フロー計算書、企業結合 (合併・分割、連結決算)、会計ディスクロージャー、その他

(3) 税務会計の基礎
益金と損金、課税所得と税額の計算、その他

(4) 原価計算
原価概念、原価計算の種類と方法、原価情報の利用、その他

(5) 経営分析
経営比率分析 (収益性、安全性、生産性、成長性)、CVP分析、その他

(6) 利益と資金の管理
利益計画 (限界利益と貢献利益、プロダクト・ミックス)、予算・実績差異分析、資金繰りと資金計画、キャッシュ・フロー管理 (フリー・キャッシュ・フロー、運転資金の管理、キャッシュ・フロー関連比率)、その他

(以下、p.146につづく)

論点14　純資産と会社法関連規制

純資産に対する会社法関連規制は主に、1.会社設立または増資時の資本金組入額、2.剰余金配当時の準備金積立額、3.分配可能額がある。

1 純資産に対する会社法関連規制

　純資産は株主への弁済原資となるため、資本を一定程度充実させる必要があることから、純資産の変動に関して、会社法などによって規制が設けられている。

規制1：会社設立または増資時の資本金組入額

内容	会社設立または増資時において、株主からの払込金額は原則として全額を資本金に計上する。ただし、払込額の1/2を超えない額は、資本金として計上せずに、資本準備金として計上することが可能である。
設例	増資に当たり、株式200株を1株当たり30千円の価格で発行した。なお、会社法が定める最低額を資本金とした場合の資本金額はいくらか。
解答	∴　3,000千円＝200株×30千円×1/2

規制2：剰余金配当時の準備金積立額

内容	配当時において、①と②の小さいほうを準備金に積み立てる必要がある。なお、配当原資がその他利益剰余金の場合は利益準備金、その他資本剰余金の場合は資本剰余金に積み立てる。 ① 配当額×1/10 ② 資本金×1/4−準備金合計
設例	以下の場合における準備金積立額はいくらか。 〈純資産の部〉資本金25,000千円、資本準備金1,200千円、その他資本剰余金100千円、利益準備金5,000千円、その他利益剰余金1,200千円 〈配当金〉800千円
解答	① 配当金800×1/10=80千円 ② 資本金25,000×1/4−(資本準備金1,200+利益準備金5,000) 　=50千円 ∴　②のほうが小さいため、準備金積立額は50千円

規制3：分配可能額

内容	剰余金の配当は分配可能額を超えてはならない。分配可能額＝分配時点の剰余金−分配時点の自己株式の帳簿価額−決算日後に自己株式を処分した場合の処分対価−その他法務省令で定める額（のれん・繰延資産の調整額など）と算定される。なお、試験上は、その他資本剰余金とその他利益剰余金の合計が分配可能額と押さえておけば十分である。
設例	以下の場合における分配可能額はいくらか。なお、のれん、繰延資産および自己株式の金額はゼロである。 資本金500,000千円、資本準備金40,000千円、その他資本剰余金20,000千円、利益準備金110,000千円、任意積立金50,000千円、繰越利益剰余金180,000千円
解答	∴　250,000千円＝その他資本剰余金20,000千円＋任意積立金50,000千円＋繰越利益剰余金180,000千円

追加 ポイント

純資産の会社法関連規制に係る論点は、いずれも基礎知識がなければ解けない問題ばかりであり、3つの規制はすべて理解しておくことが非常に重要である。

過去問　令和2年度　第4問　剰余金配当時の準備金積立

B **論点15** 会計ディスクロージャー

> 企業が作成した財務諸表を利用者に報告することを会計ディスクロージャーという。利用者を保護するため、会社法、金融商品取引法などの法律に基づき、作成上のルールや作成すべき書類の義務付けといったディスクロージャーに関しての規制がなされている。

◼ 企業会計原則、中小指針、中小会計要領

　企業会計原則は、企業会計が発達していく過程で、慣習として発達したものの中から、一般に公正妥当と認められた会計基準を定めたものである。企業会計原則は、法律ではないものの、実務上はすべての企業がこれに従って財務諸表を作成しなければならない。

　また、上場企業に求められるような厳密なルールを中小企業にも適用することは、コスト・ベネフィットの観点からも困難なことが想定されるため、一部の会計処理を簡便化した「中小企業の会計に関する指針」および「中小企業の会計に関する基本要領」が設定・公表されている。ただし、中小企業において、両者ともに必ずしも採用することを義務付けられてはいない。

【 中小指針、中小会計要領の比較表 】

	中小指針	中小会計要領
目的	中小企業が、計算書類の作成に当たり、拠ることが望ましい会計処理や注記などを示す	中小企業の多様な実態に配慮し、その成長に資するため、中小企業が会社法上の計算書類等を作成する際に、参照するための会計処理や注記などを示す
想定対象	金商法の適用対象会社、会社法上の大会社以外の会社	
各論の項目など	18項目(税効果会計、組織再編の会計なども規定)、中小会計要領よりも詳細に記載	14項目(税効果会計、組織再編の会計などは盛り込んでいない)、本要領の利用を想定する中小企業に必要な事項を簡潔かつ可能な限り平易に記載
国際会計基準との関係	これまで国際会計基準とのコンバージェンスなどによる企業会計基準の改訂を勘案している	安定的な継続利用を目指し、国際会計基準の影響を受けないものとしている

出所：『中小企業の会計に関する指針』、『中小企業の会計に関する基本要領 (中小会計要領)』

② 会社法と金融商品取引法で作成が義務付けられる財務諸表

　会社法は債権者保護、金融商品取引法は投資家保護を目的として各種規制を行っている。財務諸表の作成の義務付けもその一環であり、それぞれ以下の書類を作成することを要請している。

【 会社法と金融商品取引法の財務諸表の種類 】

会社法	金融商品取引法
① 貸借対照表	① 貸借対照表
② 損益計算書	② 損益計算書
③ 株主資本等変動計算書	③ 株主資本等変動計算書
④ 個別注記表	④ キャッシュ・フロー計算書
⑤ 事業報告	⑤ 附属明細表
⑥ 附属明細書	
①～④までを計算書類という	

　また、定時株主総会の招集通知資料は、計算書類（連結決算している場合は連結計算書類も含む）、事業報告、監査報告、会計監査報告（会計監査人がいる場合）である。

追加 ポイント

過去に出題された会計ディスクロージャーに係る問題に対応するために必要な知識は本論点ですべて網羅している。出題頻度は少ないが、再度出題されることに備えて、最低限、本論点の記載内容は押さえておくことが望ましい。

過去問
令和5年度　第5問　計算書類の作成、開示
令和元年度　第5問　計算書類の種類・株主総会の招集通知

論点16 連結会計基準(連結の範囲)

ポイント

連結会計とは、企業グループ全体の財政状態および経営成績を表した連結財務諸表を作成するための会計処理のことである。連結の範囲に含まれる子会社の判定は、その子会社を支配しているかどうかに基づく支配力基準によってなされる。

1 連結財務諸表作成の意義

　連結財務諸表とは、複数の企業から構成される企業グループ全体の財政状態および経営成績を把握するために作成される財務諸表である。たとえば、製造業を営む企業グループにおいて、子会社が製品を製造し、親会社が販売を行っているケースなど、今日の企業は子会社を含めた企業グループ全体の機能を活用して利益を稼いでいる。この場合、各社の財務諸表をみるだけでは、企業グループ全体の収益力を測ることは難しく、投資家などの利害関係者に対して有用な情報を提供することはできない。ここに連結財務諸表を作成する意義があり、これを作成する会計処理のことを連結会計という。

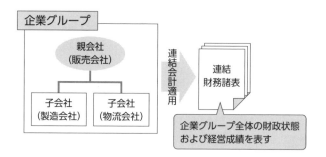

2 連結の範囲

　連結会計では、原則として親会社はすべての子会社を連結の範囲に含めなければならない。子会社の判定においては、当該企業の意思決定機関（株主総会）を支配しているかどうかが重要となる。これを支配力基準という。支配力基準では、3つの要件のうち1つでも満たした会社が子会社と認定される。以下に親会社と子会社の定義、支配力基準の要件を示す。

【 親会社と子会社の定義 】

会社	定義
親会社	他の企業の財務および営業または事業の方針を決定する機関を支配している企業
子会社	・親会社の定義に記載されている、当該他の企業 ・親会社および子会社、または子会社が、他の企業の意思決定機関を支配している場合における当該他の企業（いわゆる「孫会社」である子会社の子会社も親会社の子会社に該当する）

【 支配力基準における要件 】

① 他の企業の議決権の過半数を自己の計算において所有
② 他の企業の議決権の40％以上、50％以下を自己の計算において所有しており、かつ、他の企業の意思決定機関を支配している一定の事実が認められる場合
③ 自己の所有している議決権と、「緊密な者」および「同意している者」が所有している議決権とあわせて、他の企業の議決権の過半数を占めている企業であって、かつ、他の企業の意思決定機関を支配している一定の事実が認められる場合

追加 ポイント

支配力基準における他の企業の意思決定機関を支配している一定の事実とは、取締役会の過半を占める役員の派遣、重要な財務および営業または事業の方針を決定する契約の締結、資金調達総額の過半を占める融資などをいう。

過去問 　令和元年度　第3問　連結の範囲・表示方法・連結手続

B **論点17** 連結会計基準(連結手続と持分法会計)

ポイント

連結財務諸表は、各社の個別財務諸表を単純合算した後に連結修正仕訳を加味して作成される。持分法会計は、一行連結と呼ばれ、個別財務諸表を単純合算せずに、関連会社で計上した損益にグループ持分を乗じた金額を、関連会社株式に加減算することで連結財務諸表に取り込む。

◾ 連結財務諸表作成の手続き

【 連結財務諸表作成プロセス 】

個別財務諸表修正	単純合算	連結修正仕訳	以上のプロセスを経て	連結財務諸表完成
連結財務諸表用の科目へ組替え、外国子会社の外貨表示を円換算するなど	組替後の親会社と子会社の個別財務諸表を科目ごとに合算	投資と資本の相殺消去、債権債務残高および内部取引高の相殺消去など		

〈連結修正仕訳〉

①投資と資本の相殺消去

　　連結グループで考えた場合、単純合算した財務諸表上の親会社が保有する子会社への投資額である「子会社株式」と子会社の純資産が両建てで計上されることになるため、投資額と子会社の純資産額を相殺消去する。親会社以外の持分は純資産の部に「非支配株主持分」として計上する。差額が生じる場合はのれんとして資産の部に計上する。(のれんの会計処理は【論点18：企業結合会計基準 (のれん)】を参照。)

仕訳：(借方) 資本金　　　〇〇〇　　(貸方) 子会社株式　　　〇〇〇

　　　　　利益剰余金　〇〇〇　　　　　　非支配株主持分　〇〇〇

②債権債務および内部取引高の相殺消去

　　親会社の子会社に対する債権債務残高、子会社の親会社に対する債権債務残高が存在する場合にはそれぞれ相殺消去する。同様に、親会社と子会社間の取引は相殺消去する必要がある。

③未実現利益の消去

　親会社が子会社に対して一定の利益を付加して商品を販売した場合に、その商品が期末日において販売されずに残っているときは、未実現利益として消去する必要がある。

❷ 持分法会計

　持分法会計とは、関連会社（主に投資会社が、20％以上の議決権を保有している場合における当該他の企業）の純資産および損益のうち、投資会社（≒親会社）に帰属する部分の変動を投資勘定である「関連会社株式」に加減算する方法をいう。子会社と異なり、資産・負債を単純合算しないことから、一行連結とも呼ばれる。

　「関連会社株式」の増減額に対する相手勘定としては、「持分法による投資損益」が用いられ、損益計算書上の営業外収益または営業外費用に計上される。

　設例：20％の持分を保有する関連会社が当期純利益10,000を計上した場合
　　　　における投資会社の持分法会計適用に係る仕訳を解答せよ。
　仕訳：(借方) 関連会社株式　2,000　　　(貸方) 持分法による投資損益　2,000

追加 ポイント

- 令和5年度に持分法会計、連結修正仕訳の理解を正誤で問う理論問題が出題されている。
- 連結会計および持分法会計は、非常に奥が深く、実務上の手続きは多岐にわたるが、試験上は本論点に記載した内容を押さえておけば十分である。

過去問

令和5年度　第4問　連結会計／のれん
令和元年度　第3問　連結の範囲・表示方法・連結手続

A 論点18 企業結合会計(のれん)

ポイント

企業買収・合併時に生じる、被買収・被合併企業の目に見えない経済的価値をのれんという。のれんは、無形固定資産として計上され、20年内で規則的に定額償却を行う。

❶ のれんとは

企業が他の企業を買収・合併(M&A)した際に生じる、「買収・合併時に支払われた対価の額」と「買収・合併された企業の時価純資産」との差額をのれんという。のれんは、買収・合併された企業のブランド力や技術力などの目に見えない経済的価値を表す超過収益力といわれる。なお、連結会計では、「子会社株式」と「子会社の時価評価後純資産のうち親会社持分相当額」との差額がのれんとなる。

【 のれんの計算例 】

設例： 以下はA社の貸借対照表および関連する情報である。A社を320,000千円で買収する際に生じる会計上ののれんはいくらか。(平成28年度中小企業診断士第1次試験　財務・会計　第6問改題)

貸借対照表　　(単位：千円)

売掛金	200,000	借入金	300,000
棚卸資産	300,000	資本金	200,000
備品	100,000	剰余金	100,000
	600,000		600,000

売掛金の時価　　150,000千円
売掛金以外の資産・負債の簿価は時価と等しい

解答： 時価純資産250,000千円
　　　　＝資産の時価(150,000+300,000+100,000)－負債の時価(300,000)

　　　　のれん70,000千円
　　　　＝支払対価320,000－時価純資産250,000

❷ のれんの会計処理

「買収・合併時に支払われた対価の額」が「買収・合併された企業の時価純資産」を上回る場合は「のれん」、下回る場合は「負ののれん」として、それぞれ以下の会計処理を行う。また、著しい価値の低下があった場合は、減損処理の対象となる。

【のれんの会計処理】

のれん	貸借対照表の無形固定資産に計上し、20年内に定額で償却を行う
負ののれん	貸借対照表に計上せず、損益計算書において全額特別利益に計上する

追加 ポイント

のれんは1～2年に1回（平成30年度、令和2、3、4、5年度）のペースで出題されている頻出論点である。計算問題および理論問題のいずれにも対応できるように算定方法および会計処理を確実に押さえる必要がある。

過去問

令和4年度　第5問　のれん／減損
令和3年度　第4問　のれんの会計処理などに関する正誤問題
令和2年度　第6問　のれん算定
令和2年度　第8問　のれん償却年数

論点19 税効果会計基準

ポイント

> 税効果会計は、会計と税務の目的が相違することから生じるズレを調整し、
> 会計上の利益に見合った税金費用が計上されるように、税金費用を適切に
> 期間配分する会計処理のことである。

1 会計と税務の目的

　会計は一般に公正妥当と認められる会計基準により、適正な期間損益計算お
よび財政状態を測定し、企業外部の利害関係者に報告することを目的としてい
る。一方で、税務は課税の公平性の観点に基づく税金納付額の算定を目的とし
ていることから、会計上の利益（＝収益－費用）と税務上の所得（＝益金－損金）
は、期間のズレなどの理由により必ずしも一致しない。

　しかし、会計上の収益・費用と税務上の益金・損金を算定するための項目は
ほとんど同じであることから、税金計算に当たっては、実務上、会計上で算出さ
れた利益に、税務上の調整項目を加算・減算して所得を算出することとしている。

【 利益から所得を算出するための調整方法 】

【 税務上の所得算出における調整項目 】

調整項目	内容	具体例
① 益金不算入 （減算項目）	会計上の収益であるが、税務上は益金として認められないもの	受取配当金
② 損金不算入 （加算項目）	会計上の費用であるが、税務上は損金として認められないもの	減価償却費の限度超過額、限度額以上の交際費
③ 益金算入 （加算項目）	会計上の収益ではないが、税務上は益金として認められるもの	無償または低廉譲渡による受贈益
④ 損金算入 （減算項目）	会計上の費用ではないが、税務上は損金として認められるもの	繰越欠損金

❷ 税効果会計の役割

　税効果会計とは、会計上の利益に対応する税金費用が計上されるように、会計と税務との違いを調整するため、法人税等の額を適切に期間配分する手続きをいう。たとえば、実効税率30％の企業において、会計上の利益が400、税金費用が320の場合は税負担率80％となり、実際の税率と比べて差異が生じる。これを調整するために、税効果会計適用をすることで、法人税等調整額を用いて実際の税率に近づける。

【 税効果会計適用後の損益計算書イメージ 】

税効果会計を適用しないPL			税効果会計を適用したPL		
科目		金額	科目		金額
収益		1,000	収益		1,000
費用		600	費用		600
税引前当期純利益	A	400	税引前当期純利益	A	400
法人税、住民税及び事業税	B	320	法人税、住民税及び事業税	B	320
			法人税等調整額	C	△200
当期純利益		80	当期純利益		280
税負担率	B/A	80%	税負担率	(B+C)/A	30%

❸ 一時差異と永久差異

　会計上の利益と税務上の所得との差異は、「一時差異」と「永久差異」の2つに分類される。このうち、税効果会計の対象となるのは、「一時差異」のみである。

【 一時差異と永久差異の内容 】

差異項目		内容	具体例
一時差異	将来減算一時差異	一時差異解消時にその期の課税所得を減額する効果を持つ項目	減価償却費の超過額 引当金の繰入超過額 減損損失
	将来加算一時差異	一時差異解消時にその期の課税所得を増加する効果を持つ項目	圧縮記帳の損金算入額
永久差異		永久に差異が解消されない項目 (税効果適用対象外)	受取配当金の益金不算入額 交際費の損金不算入額 寄付金の損金不算入額

❹ 税効果会適用時の会計処理

　将来減算一時差異が生じた場合、当該差異の金額に法定実効税率を乗じた金額を、貸借対照表上、「繰延税金資産」として資産の部に計上する。将来加算一時差異が生じた場合、当該差異の金額に法定実効税率を乗じた金額を、貸借対照表上、「繰延税金負債」として負債の部に計上する。いずれも相手勘定として、損益計算書において、「法人税等調整額」を計上する。

（借方）繰延税金資産　　○○○　　（貸方）法人税等調整額　○○○
（借方）法人税等調整額　○○○　　（貸方）繰延税金負債　　　○○○

　繰延税金資産と繰延税金負債は、差異の原因が生じた項目の分類にあわせて、短期（流動資産・流動負債）と長期（固定資産・固定負債）に分けたうえで貸借対照表に計上する。貸借対照表上、繰延税金資産と繰延税金負債が両方計上される場合には、短期と長期の区分同士で相殺したうえで純額表示しなければならない。

5 繰延税金資産の回収可能性

　もし将来の課税所得を十分に計上できない場合、将来の課税所得を減額させる効果を持つ将来減算一時差異を計上する意義は薄れてしまう。それにより、繰延税金資産の資産性に疑義が生じ、回収可能性を検討する必要が生まれる。

　税効果会計上は、将来の回収可能性を考慮して回収が認められない部分を評価性引当額として、繰延税金資産から評価性引当額を控除した金額を貸借対照表に計上することとしている。

　次の3要件をいずれか満たせば繰延税金資産の回収可能性はあるものとされる。

　　① 収益力に基づく課税所得の十分性
　　② タックスプランニングの存在
　　③ 将来加算一時差異の十分性

追加 ポイント

計算問題で出題されることが増えている。特に繰延税金資産・負債の理解を問う問題が頻出で出題されているため、それぞれが生じる要因や項目を本論点を通じて学習することで、得点を稼ぐことが可能となる。

過去問

令和5年度　第6問　税効果会計 (繰延税金資産)
令和4年度　第7問　税効果会計 (繰延税金負債)
令和元年度　第8問　税効果会計 (減価償却費の一時差異)

論点20 リース会計基準

ポイント

リース会計とは、リース取引を経済的実態にあわせて売買処理または賃貸借処理するための会計基準である。ここで、リース取引とは、物件の所有者である貸手（レッサー）が借手（レッシー）に対し、その物件を使用収益する権利を与え、借手は、合意された使用料を貸手に支払う取引を指す。

■ リース取引の分類

リース会計基準におけるリース取引は、以下のように分類される。

リース取引 ┤ ファイナンス・リース取引 ┤ 所有権移転ファイナンス・リース取引
　　　　　　　　　　　　　　　　　　　所有権移転外ファイナンス・リース取引
　　　　　　　オペレーティング・リース取引

ファイナンス・リース取引とは、次の2つの要件を満たす取引をいう。

① 解約不能	リース期間の中途において当該契約を解除することができない（解約時に多額の違約金を支払う場合も実質的に解約不能とみなされる）
② フルペイアウト	借手が、当該契約に基づき使用する物件からもたらされる経済的利益を実質的に享受することができ、かつ、当該リース物件の使用に伴って生じるコストを実質的に負担すること

なお、ファイナンス・リース取引は、契約条件に基づき所有権が移転するものを所有権移転ファイナンス・リース取引、移転しないものを所有権移転外ファイナンス・リース取引として区分している。

オペレーティング・リース取引とは、ファイナンス・リース取引以外のリース取引をいう。

❷ ファイナンス・リース取引とオペレーティング・リース取引の会計処理

　ファイナンス・リース取引は、実質的に売買がなされたとみなし（＝売買処理）、貸借対照表の有形固定資産に「リース資産」を計上し、1年基準（ワンイヤー・ルール）に基づき、流動負債または固定負債に「リース債務」を計上する。

　（借方）リース資産　　○○○　　　　（貸方）リース債務　　　○○○

　オペレーティング・リース取引は、賃貸借取引に準じ、損益計算書の販売費及び一般管理費に「支払リース料」を計上する。

　（借方）支払リース料　○○○　　　　（貸方）現金及び預金　　○○○

❸ リース資産の償却方法

　ファイナンス・リース取引で生じたリース資産は減価償却を行わなければならず、所有権移転か所有権移転外かによって、償却方法が異なる。

【リース資産の償却方法一覧】

	償却方法	耐用年数	残存価額
所有権移転	自己資産と同様に定額法や定率法など	自己資産と同様に経済的耐用年数	自己資産と同様
所有権移転外	主に定額法	リース期間	ゼロ

追加 ポイント

理論問題の形式で出題されることが多く、選択肢の中には、リース会計基準に関する深い知識を持っていなければ正誤を判断できないものもあるが、試験対策上は最低限、ファイナンス・リース取引、オペレーティング・リース取引それぞれの特徴と違いを中心に学習するとよい。

過去問　令和2年度　第7問　リース会計（オペレーティング／ファイナンス・リース）

論点21 工事契約会計基準

> 工事契約は、一般的に完成・引き渡しまでに長い時間を要することから、収益および費用について特別な認識基準（工事進行基準と工事完成基準）を認めている。工事契約会計基準における工事契約とは、仕事の完成に対して対価が支払われる請負契約のうち、土木、建築、造船や一定の機械装置の製造など、基本的な仕様や作業内容を顧客の指図に基づいて行うものをいい、受注製作のソフトウェアも含まれる。

■ 工事進行基準と工事完了基準の会計処理

工事進行基準の会計処理は、工事収益総額、工事原価総額および決算日における工事進捗度を合理的に見積り、これに応じて当期の工事収益および工事原価を損益計算書に計上する方法である。

工事完了基準の会計処理は、工事が完成し、目的物の引渡しを行った時点で、工事収益および工事原価を認識する方法である。この場合、工事の完成・引渡しが行われるまでに発生した工事原価は、「未成工事支出金」という勘定を用い、貸借対照表に資産として計上する。

【 工事収益および工事原価の算定方法 】

基準		算定方法
工事進行	工事収益	工事収益総額×工事進捗度−過年度計上工事収益 工事進捗度＝ 決算日までに発生した工事原価÷工事原価総額
	工事原価	各期の実際発生額を計上
工事完成	工事収益	完成・引渡し時に一括計上
	工事原価	

なお、工事の進捗部分について成果の確実性が認められる場合（工事収益総額、工事原価総額、決算日における工事進捗度が信頼性をもって見積もれること）は工事進行基準を適用し、それ以外は工事完了基準を適用する。いずれの会計処理をした場合でも工事契約全体の収益と原価の総額は同額となる。

【 工事契約会計適用の具体例 】

設例: 20X1年度に工事契約を締結、20X3年度に工事が完成し、引渡しを行った。契約に基づく工事収益総額は240,000千円であり、工事原価総額の見積額は180,000千円である。工事進行基準または工事完成基準を適用した場合の各期の工事収益および工事原価はいくらか。決算日における工事進捗度は原価比例法により算出する。なお、工事原価総額の見積額は完成まで変更されないものとする。（平成29年度中小企業診断士第1次試験　財務・会計　第4問改題）

	20X1年	20X2年	20X3年
各期の工事原価	90,000千円	60,000千円	30,000千円

解答: 〈工事進行基準〉

20X1年の工事収益＝240,000×（90,000÷180,000）＝120,000千円
20X2年の工事収益＝240,000×（150,000÷180,000）−120,000＝80,000千円
20X3年の工事収益＝240,000−（120,000+80,000）＝40,000千円
工事原価は各期の実際発生額である。

〈工事完成基準〉
完成・引渡し時に、工事収益総額と工事原価総額を一括計上する。

	20X1年	20X2年	20X3年
〈工事進行基準〉			
工事収益	120,000千円	80,000千円	40,000千円
工事原価	90,000千円	60,000千円	30,000千円
〈工事完成基準〉			
工事収益	−	−	240,000千円
工事原価	−	−	180,000千円

追加 ポイント

平成29年度に工事収益を算定する問題、平成22年度に工事契約の適用範囲に関する問題が出題されている。財務・会計が得意な人は、会計処理が特殊な工事進行基準を理解し、具体例を参考に計算までできるようになると、さらなる得点の上乗せが期待できる。

 過去問

過去5年間での出題はない。

B 論点22 減損会計基準

ポイント

減損会計基準は、固定資産の収益性が低下した場合における価値の減少を
反映することを目的とした会計基準である。

① 減損会計基準の会計処理

　不動産などの固定資産の価格や収益性が著しく低下した場合に、有形固定資
産の帳簿価額を直接減額する処理を行う。固定資産の減額分は、損益計算書上
の特別損失に「減損損失」として計上する。

（借方）　減損損失　　○○○　（貸方）　有形固定資産　　○○○

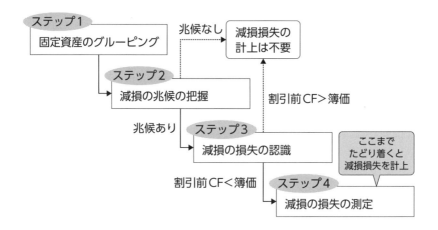

② 減損会計の適用プロセス

〈ステップ1：固定資産のグルーピング〉

　資産を他の資産または資産グループから概ね独立したキャッシュ・フローを生み出す最小の単位にグルーピング

〈ステップ2：減損の兆候の把握〉

　以下の減損の兆候に当てはまる場合はステップ3へ

　a) 営業損益・営業CFが継続してマイナス（となる見込み）

　b) 回収可能額を著しく低下させる使用範囲や方法の変更

　c) 経営環境の著しい悪化（原材料価格高騰や技術革新など）

　d) 市場価格の著しい下落

〈ステップ3：減損損失の認識〉

　割引前CFが帳簿価額を下回る場合はステップ4へ

〈ステップ4：減損損失の測定〉

　帳簿価額を回収可能額（正味売却価額と使用価値のいずれか高いほう）まで減少させる。複数の資産でグルーピングした場合は、減損損失の金額を各資産の帳簿価額などに基づいて比例配分する。

　なお、正味売却価額とは、資産または資産グループの時価から処分費用見込額を控除して算定される金額のことをいい、使用価値とは、資産または資産グループの継続的使用と使用後の処分によって生ずると見込まれる将来キャッシュ・フローの現在価値のことをいう。

追加 ポイント

- 令和4年度、令和2年度に減損損失の認識対象を問う計算問題、平成29年度に減損の会計処理と適用プロセス、平成23年度に減損損失の測定式を問う理論問題が出題されている。
- 減損会計基準は詳細な手続きを定めており、内容が広範にわたることから、試験対策上は費用対効果の観点からも本論点で解説した内容を押さえる程度でよい。

過去問

　令和4年度　第5問　のれん／減損
　令和2年度　第5問　減損損失の認識

論点23 金融商品会計基準

ポイント

金融商品会計基準は、金銭債権や株式、社債などの金融商品に関するさまざまな会計処理を規定した会計基準である。金融商品会計基準は詳細な手続きを定めており、内容が広範にわたることから、本論点では有価証券に関する代表的な論点を解説する。

1 有価証券の分類と評価方法

有価証券（主に株式と債券）は、企業の保有目的に応じて次の4つに分類され、それぞれ期末時点の評価方法が異なる。

【 有価証券の内容と評価方法 】

保有目的別分類	内容	評価方法
売買目的有価証券	時価の変動により利益を得ることを目的に保有する有価証券	時価評価し、評価差額を損益に計上
満期保有目的債権	主に利息の受け取りを目的として企業が満期まで継続して保有し続ける社債その他の債券	時価評価はせずに取得原価または償却原価で評価
子会社株式および関連会社株式	他企業への影響力の行使を目的として保有する株式	時価評価はせずに取得原価で評価
その他有価証券	上記3つ以外の有価証券	時価評価し、評価差額を損益とせずに純資産に「その他有価証券評価差額金」として計上（ただし、部分純資産直入法の場合は評価差損については損失に計上）

2 満期保有目的債権と償却原価法

満期保有目的債権は、原則として取得原価をもって評価額とする。ただし、債券を債券金額より低い価額または高い価額で取得した場合において、取得価額と債券金額との差額の性格が金利の調整と認められるときは、償却原価法に基づいて算定された償却原価をもって評価しなければならない。

償却原価法とは、金融資産・金融負債を債権額・債務額と異なる金額で計上した場合において、当該差額が主に金利の調整部分に該当するときに、これを弁済期・償還期に至るまで毎期一定の方法で取得価額に加減する方法をいう。加減額については、受取利息または支払利息に含めて処理する。

❸ その他有価証券評価差額金

その他有価証券は、時価をもって評価額とし、取得原価との評価差額（＝その他有価証券評価差額金）を洗い替え方式にて、次のいずれかの方法により処理する。

① 全部純資産直入法

評価差額の合計額を「その他有価証券評価差額金」として純資産の部に計上する。

② 部分純資産直入法

時価が取得原価を上回る銘柄に係る評価差額（評価差益）を「その他有価証券評価差額金」として純資産の部に計上し、時価が取得原価を下回る銘柄に係る評価差額（評価差損）を当期の損失として処理する。

追加 ポイント

令和2年度に有価証券の期末評価の理論問題、平成26年度～平成18年度に社債償還損益、その他有価証券評価差額金、金融資産部分売却による売却損益を算定する問題が出題されている。いずれも金融商品に関する基礎知識がなければ解けないような難易度の高い問題が多い。したがって、財務・会計が得意な人のみ学習を行うとよい。

過去問 令和2年度 第3問 金融商品会計（期末評価）

論点24　営業CF

ポイント

営業活動によるキャッシュ・フローには、商品などの売上や仕入に係る支出、人件費、その他営業に係る支出など営業活動に係るキャッシュの増減が含まれる。作成方法は、直接法と間接法の2種類がある。

1 営業活動によるキャッシュ・フローの作成方法（直接法）

　直接法は、商品の販売、商品や原材料の仕入など、主要な取引ごとに収入や支出を総額で表示する方法である。総額で表示されるため、キャッシュの増減を主要な取引ごとに把握できるメリットがある一方、間接法に比べて作成に手数を要するというデメリットがある。

【 営業活動によるキャッシュ・フロー（直接法）】

Ⅰ　営業活動によるキャッシュ・フロー	
営業収入	180,000
原材料又は商品の仕入支出	−90,000
人件費支出	−20,000
その他の営業支出	−9,000
小　　計	61,000
利息及び配当金の受取額	1,000
利息の支払額	−2,000
損害賠償金の支払額	−
法人税等の支払額	−10,000
営業活動によるキャッシュ・フローの合計	50,000

2 営業活動によるキャッシュ・フローの作成方法（間接法）

　間接法は、税引前当期純利益に減価償却費などの非資金損益項目、固定資産売却損益などの投資活動や財務活動の区分に含まれる損益項目を加減算して表示する方法である。利益と営業活動に係るキャッシュ・フローとの関係がわかりやすいほか、実務上作成しやすく、ほとんどの企業は間接法を採用している。なお、小計以下の項目は直接法と間接法ともに同じ形式・数値となる。

【 営業活動によるキャッシュ・フロー (間接法) 】

I　営業活動によるキャッシュ・フロー

税引前当期純利益	50,000	
減価償却費	15,000	①
貸倒引当金の増加額	500	
受取利息及び受取配当金	−1,500	②
支払利息	2,500	
有形固定資産売却益	−500	③
売上債権の増加額	−4,000	
たな卸資産の減少額	5,000	④
仕入債務の減少額	−6,000	
小　　　計	61,000	
利息及び配当金の受取額	1,000	
利息の支払額	−2,000	
損害賠償金の支払額	−	⑤
法人税等の支払額	−10,000	
営業活動によるキャッシュ・フローの合計	50,000	

① 非資金項目	損益計算書では費用計上されるが、実際のキャッシュアウトはないため、加算調整する。
② 利息・配当金	営業CFの小計以下に実際の受払額を計上するため、損益計算書上の金額は加算または減算調整する。
③ 営業活動以外の損益項目	投資活動や財務活動に属することから、営業活動からは除外するため、利益項目は減算調整、損失項目は加算調整する。
④ 営業活動に係る資産・負債の増減	資産項目の増加 (減少) はキャッシュの未回収額の増加 (減少) を示すため減算 (加算)、負債項目の増加 (減少) はキャッシュの未払額の増加 (減少) を示すため加算 (減算) 調整する。
⑤ 小計以下	利息・配当金の実際の受払額の他、投資活動および財務活動以外の取引から生じた項目 (損害賠償金の支払額など)、法人税等の実際の受払額を計上する。

キャッシュ・フロー（間接法）の増加・減少項目を問う問題や2期分の貸借対照表と損益計算書から営業活動によるキャッシュ・フロー（間接法）を計算させる問題が出題されている。間接法を問われることが多いため、直接法より間接法を優先して学習すべきである。

A 論点25 投資CF・財務CF

投資活動によるキャッシュ・フローには、固定資産の取得・売却や投融資に係るキャッシュの増減、財務活動によるキャッシュ・フローには、資金調達や返済に係るキャッシュの増減が含まれる。

1 投資活動によるキャッシュ・フロー

企業は事業を継続していくために、毎期、設備更新を行う必要があることから、通常、投資活動によるキャッシュ・フローはマイナスとなる。

【 投資活動によるキャッシュ・フロー 】

Ⅱ　投資活動によるキャッシュ・フロー	
有価証券の取得による支出	−13,000
有価証券の売却による収入	2,000
有形固定資産の取得による支出	−20,000
有形固定資産の売却による収入	1,000
投資有価証券の取得による支出	−500
投資有価証券の売却による収入	1,000
貸付けによる支出	−1,000
貸付金の回収による収入	500
投資活動によるキャッシュ・フローの合計	−30,000

　営業活動に係る資産・負債は、貸借対照表上の期首と期末残高の差額をキャッシュ・フローとして算出できるのに対し、有形固定資産や有価証券の取得支出・売却収入は単純に期首と期末残高の差額から算出できない。これは、減価償却費や売却損益などが発生することから、それらを調整したうえで、取得支出や売却収入を把握する必要があるためである。

【 有形固定資産の売却収入額の計算例 】

BS (抜粋)	前期末	当期末
有形固定資産	2,300	2,200
減価償却累計額	△300	△550
純額	2,000	1,650
PL (抜粋)		
減価償却費		△400
固定資産売却益		200
CF (抜粋)		
有形固定資産の取得支出		350
有形固定資産の売却収入		( )

ボックス図を作成

期首残高		減少	
		減価償却	400
簿価	2,000	売却	300
		期末残高	
増加			
取得	350	簿価	1,650

差額で売却資産の簿価を算定した後に、
売却損益を調整して売却収入額を算定
売却簿価300+売却益200=売却収入500

② 財務活動によるキャッシュ・フロー

財務活動によるキャッシュ・フローは、金融機関や株主などからの資金調達の状況を示している。会計期間中に返済より借入れが多ければプラスになり、返済が多ければマイナスとなる。

【 財務活動によるキャッシュ・フロー 】

Ⅲ 財務活動によるキャッシュ・フロー	
短期借入れによる収入	60,000
短期借入金の返済による支出	−70,000
長期借入れによる収入	10,000
長期借入金の返済による支出	−15,000
社債の発行による収入	1,000
社債の償還による支出	−1,000
株式の発行による収入	10,000
自己株式の取得による支出	−
配当金の支払額	−5,000
財務活動によるキャッシュ・フローの合計	−10,000

❸ フリー・キャッシュ・フロー

　フリー・キャッシュ・フローとは、企業が本来の事業活動によって生み出したキャッシュ・フローのことで、企業への資金提供者（金融機関などの債権者および株主）に対して分配可能な金額の目安とされる。一般的な算出方法は以下の2つである。

　フリー・キャッシュ・フローは、DCF法による企業価値算出の際に用いられる（Ⅱ.ファイナンス【論点10：企業価値評価の手法】を参照）。

　① 営業利益×（1－実効税率）＋減価償却費±運転資本増減額－投資額

　② 営業活動によるキャッシュ・フローと投資活動によるキャッシュ・フローの合計

追加 ポイント

　平成29年度では営業活動によるキャッシュ・フロー項目を解答させる選択肢の中に、ひっかけとして投資活動・財務活動によるキャッシュ・フロー項目を含めていた。キャッシュ・フロー項目が3区分のいずれに属するかを判別できるようにする必要がある。

A 論点26　資金繰り表

ポイント

資金繰り表は、黒字倒産を防ぐために、日々の資金の収支を予測することを目的に、企業内部で管理するために作られる資料である。
正味運転資本は、流動資産から流動負債を控除した金額をいう。

1 資金繰り表とキャッシュ・フロー計算書の比較

【 資金繰り表とキャッシュ・フロー計算書の比較表 】

	資金繰り表	キャッシュ・フロー計算書
作成目的	回収予定や支払予定などの将来情報をもとに、日々の資金収支を予測し、資金の不足が生じないよう管理するため	企業が一会計期間中に、資金をどのように調達し、生み出し、活用しているかというキャッシュ・フローの状況を明らかにするため
作成形式	企業内部管理目的のため、形式に制限はない	外部の利害関係者へ報告されるため、財務諸表等規則に基づく一定の形式が定められている
作成頻度	日次	四半期（上場企業の場合）
区分項目	一般的に「経常収支」、「経常外収支」、「財務収支」の3区分 （キャッシュ・フロー計算書の各区分とほぼ整合するイメージ）	「営業活動によるキャッシュ・フロー」「投資活動によるキャッシュ・フロー」「財務活動によるキャッシュ・フロー」の3区分

2 正味運転資本と運転資本

　正味運転資本は、流動資産から流動負債を控除したものであり、金額が大きければ大きいほど、企業が自由に営業活動などに使用できる。したがって、プラスであれば資金繰りは、健全と考えられる。

$$正味運転資本＝流動資産－流動負債$$

　運転資本は、営業活動において投下されている資金を意味し、運転資本の増加が見込まれる場合には、キャッシュ・フローにマイナスの影響を及ぼすため、

追加の資金調達や回収条件や支払条件の見直しなどの手立てを講じて、資金不足が生じないように留意が必要となる。

運転資本＝売上債権（売掛金、受取手形）
　　　　　＋棚卸資産（製品、商品、原材料など）
　　　　　－仕入債務（買掛金、支払手形）

追加 ポイント

- 資金繰りについては、キャッシュ・フロー計算書との構造や目的の違いを理解する必要がある。また、問題の条件から資金の増減が正確に把握できるよう訓練しておくとよい。
- 正味運転資本については、運転資本に含まれる項目の違いを押さえるとともに、2期分の貸借対照表から数値を読み取り、正確に算定できるようにしておくことが望ましい。

過去問

令和4年度　第13問（設問1）　資金繰り（必要借入額）
令和4年度　第13問（設問2）　資金繰り（資金繰り対策）
令和3年度　第13問　必要借入額の算定

B 論点27 原価概念

ポイント

原価計算とは、利害関係者への外部報告や業績評価・経営上の意思決定などを目的として、その名称のとおり、企業が生産する製品の原価を計算することをいう。原価計算基準上、原価とは、経営における一定の給付にかかわらせて、把握された財貨または用役の消費を、貨幣価値的に表したものとしている。

1 原価の範囲

原価は、有形・無形の経済的価値のある財貨を消費したときに発生し、かつ、製品の生産と販売活動のために消費されたもので、正常な状態での経営活動から発生したものでなければならない。

したがって、消費されない土地の購入額、財務活動から生じる支払利息、異常な状態を原因とする盗難や災害損失などは、「非原価項目」として原価には含まれない。

【 総原価の構成 】

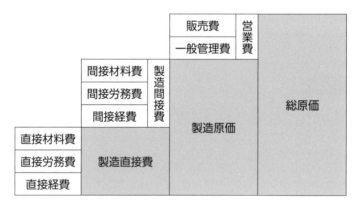

2 原価の分類基準

原価にはさまざまな種類がある。ここでは代表的なもののみを記載している。

【 原価の代表的な分類基準 】

形態別分類	何を消費することによって発生したかをもとに分類したもの	
	材料費	物品を消費することによって発生する原価
	労務費	労働力を消費することによって発生する原価
	経費	物品、労働力以外を消費することによって発生する原価
製品との関連における分類	原価の発生が製品との関連で直接把握できるかにより分類したもの	
	直接費	どの製品で発生したかを直接把握できる原価
	間接費	特定の製品に紐付かずに共通して発生した原価
操業度との関連における分類	操業度 (生産量や販売量など) の増減に対する原価発生の態様により分類したもの	
	変動費	操業度の増減に応じて比例的に増減する原価
	固定費	操業度の増減にかかわらず変化しない原価

直接費と間接費は、形態別分類と組みあわせて、直接材料費、直接労務費、直接経費、間接材料費、間接労務費、間接経費となる。一般的に、直接材料費と直接労務費の合計を「素価」と呼ぶ。業界により範囲は異なるものの、直接材料費以外の製造原価を「加工費」と呼ぶ。

追加 ポイント

原価計算基準上の原価の範囲や分類基準は、理論問題として出題される頻出論点である。知識があれば迷わずに解答できる問題が多いため、しっかりと理解しておくことが非常に重要となる。

過去問
令和4年度 第6問 原価計算 (非原価項目)
令和2年度 第10問 直接労務費算定

B 論点28　原価計算制度の体系

ポイント

原価計算の種類は、大きく全部原価計算と直接原価計算（部分原価計算）に分類され、さらに全部原価計算は実際原価計算と標準原価計算に分類される。これは、原価計算の各種目的を達成するために、原価計算制度が発達していった結果である。

1 原価計算制度の体系

　原価計算は、①財務諸表の作成、②販売価格の決定、③原価管理、④予算作成および管理、⑤経営の意思決定といった多くの目的を持つ。目的にあわせて原価計算制度が発達し、現在では原価計算にはいくつかの種類がある。これらを体系化したものが下の図である。実際原価計算は【論点29：実際原価計算】、標準原価計算は【論点30：標準原価計算】で解説する。

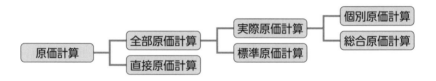

2 全部原価計算と直接原価計算

　全部原価計算とは、製品の製造にかかわるすべての原価を集計・計算する方法である。財務諸表の作成など財務会計目的に使用される。製品へ合理的に集計できる原価を製造原価、集計できない原価を期間原価（販売費及び一般管理費）として利益を算定する。

　直接原価計算とは、製品の製造費用を固定費と変動費に分類し、変動費のみを製造原価として計算し、利益計画において経営者が管理することのできない固定費を期間費用として利益を算定する方法である。

【 全部原価計算と直接原価計算の損益計算書 】

全部原価計算

I	売上高		5,000
II	売上原価		
	期首棚卸高	1,000	
	製造原価	3,000	
	期末棚卸高	△800	3,200
	売上総利益		1,800
III	販売費及び一般管理費		1,500
	営業利益		300

直接原価計算

I	売上高		5,000
II	変動売上原価		
	期首棚卸高	550	
	変動製造原価	1,200	
	期末棚卸高	△300	1,450
	変動製造マージン		3,550
III	変動販売費		500
	限界利益		3,050
IV	固定製造原価		1,800
V	固定販売費及び一般管理費		1,000
	営業利益		**250**

　直接原価計算の期首・期末棚卸高は、変動製造原価のみを集計対象としており、固定製造原価は含まれていない。なお、期首・期末棚卸高がない場合には全部原価計算と直接原価計算の営業利益の金額は一致する。

追加 ポイント

全部原価計算と直接原価計算では、製造原価に含めるコストの範囲が異なるため、算定される利益が異なることを、過去問などの問題演習を通じて学習するのが効果的である。

過去問
令和4年度　第12問（設問1）　直接原価計算
令和元年度　第10問　自製か購入かの意思決定

B 論点29 実際原価計算

ポイント

実際原価計算は、個別原価計算と総合原価計算に分類される。個別原価計算では、製品ごとに作成される製造指図書に原価を紐付けて計算する。総合原価計算では、総製造原価を一定期間の総生産量で割ることにより製品単位当たりの製造原価を計算する。

1 個別原価計算

　個別原価計算は、1単位の製品ごとに製造指図書を発行し、製造原価を指図書別に集計する原価計算の方法である。顧客の注文に応じて製品を製造する受注生産に適した計算方法といえる。

　製造原価は、製造指図書ごとに区別して直接紐づけできる製造直接費と、直接紐づけできない製造間接費に分けられ、製造直接費は各製造指図書に直課（対応する製品へ直接集計）し、製造間接費は各製造指図書に配賦することで、製造指図書別に製造原価を計算する。なお、製造間接費は、直接作業時間や機械運転時間などの合理的な配賦基準をもとに配賦される。

　また、製造指図書に記載されている次のような製造状況を読み取り、期末在庫として資産計上または売上原価に計上すべきかを判断する。

　　［未完成］　　　：集計された製造原価は仕掛品として資産計上
　　［完成・未渡］：集計された製造原価は製品として資産計上
　　［完成・引渡］：集計された製造原価は売上原価に計上

【 個別原価計算の製造原価集計フロー 】

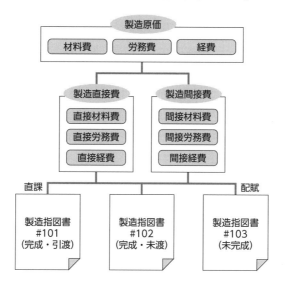

【 個別原価計算の具体例 】

設例： 個別原価計算制度を採用している場合における次の資料に基づく当月の売上原価はいくらか。（平成24年度中小企業診断士第1次試験 財務・会計 第7問改題）

(単位：千円)

製造指図書	#121	#122	#123	#124	合計
前月繰越	5,600	0	0	0	5,600
直接材料費	0	3,200	2,400	1,200	6,800
直接労務費	300	2,100	1,860	460	4,720
機械運転時間	100時間	900時間	700時間	200時間	1,900時間
備　考	完成・引渡	完成・引渡	完成・未渡	未完成	―

(注) 製造間接費は機械運転時間に基づいて予定配賦している。本年度の製造間接費予算額は48,000千円 (予定機械運転時間24,000時間) である。

解答： 製造間接費の時間当たり配賦額＝48,000÷24,000＝2千円／時間
売上原価に計上される金額は「完成・引渡」の＃121と＃122の2つである。
#121製造原価＝5,600＋0＋300＋2×100時間＝6,100千円
#122製造原価＝0＋3,200＋2,100＋2×900時間＝7,100千円
売上原価＝6,100＋7,100＝13,200千円

❷ 総合原価計算

　総合原価計算は、同じ規格の製品を大量に生産する場合、総製造原価を、一定期間における製品の総生産量で割ることにより、製品単位当たりの平均製造原価を求める方法である。顧客の注文に応じて製品を製造するのではなく、標準規格品の見込生産に適した計算方法といえる。

　具体的には、当月の製品製造原価＝月初の仕掛品原価＋当月の総製造費用－月末の仕掛品原価が成り立つ。総合原価計算では、直接材料費と加工費（直接材料費以外の製造原価）に分けて集計を行う必要がある。これは、直接材料費が投入時点で費用が全額発生するのに対して、加工費は進捗に応じて発生していく費用のため、仕掛品が存在する場合には加工進捗度を考慮しなければならならず、両者は分けて計算する必要があるためである。

　月末仕掛品の評価計算方法には、平均法と先入先出法がある。平均法は前月に作業を行った月初の仕掛品原価があるにもかかわらず、今月から製造を開始したと仮定し、月末の仕掛品原価を、月初の仕掛品原価と当月製造費用の合計から算出する方法である。先入先出法は、月初に仕掛品があればそれを完成させてから当月分を完成させると仮定して、月末の仕掛品原価を算出する方法である。

【 総合原価計算の具体例 】

設例：　総合原価計算制度を採用している場合における次の資料に基づく、月末仕掛品原価（先入先出法、平均法）はいくらか。（平成29年度中小企業診断士第1次試験　財務・会計　第8問改題）

(1) 当月の生産量

月初仕掛品	200個	（加工進捗度50%）
当月投入	800個	
合　計	1000個	
月末仕掛品	400個	（加工進捗度50%）
当月完成品	600個	

(2) 当月の原価

月初仕掛品直接材料費	200千円
月初仕掛品加工費	100千円
当月投入直接材料費	1,000千円
当月投入加工費	700千円

解答：

〈直接材料費〉
先入先出法：
（当月投入 1,000 千円 ÷ 当月投入 800 個）
× 月末仕掛品 400 個 = 500 千円

平均法：
{（月初仕掛品 200 千円 + 当月投入 1,000
千円）÷（月初仕掛品 200 個 + 当月投入
800 個）} × 月末仕掛品 400 個 = 480 円

〈加工費〉
先入先出法：
（当月投入 700 千円 ÷ 当月投入 700 個）×
月末仕掛品 200 個 = 200 千円

平均法：
{（月初仕掛品 100 千円 + 当月投入 700 千円）
÷（月初仕掛品 100 個 + 当月投入 700 個）}
× 月末仕掛品 200 個 = 200 円

〈合計〉
先入先出法：
直接材料費 500 千円 + 加工費 200 千円
= 700 千円

平均法：
直接材料費 480 千円 + 加工費 200 千円
= 680 千円

図中のラベル：
完成品換算量／差引きで算定／完成品換算量

直接材料費
月初仕掛品	当月完成品
200 個	600 個
当月投入	
800 個	
	月末仕掛品
	400 個

加工費
月初仕掛品 200 個 × 進捗度 50% = 100 個	当月完成品 600 個
当月投入 600 個 + 200 個 − 100 個 = 700 個	
	月末仕掛品 400 個 × 進捗度 50% = 200 個

追加 ポイント

- 実際原価計算の出題形式は基本的に計算問題である。個別原価計算と総合原価計算が、比較的交互に出題される印象がある。したがって、どちらかに絞らず、両者の原価計算方法をマスターしておきたい。
- 個別原価計算は製造原価、総合原価計算は仕掛品原価の算定を問う問題が多い。

過去問
令和5年度　第10問　総合原価計算（製造原価）
令和3年度　第7問　個別原価計算

B 論点30　標準原価計算

ポイント

標準原価計算は、実際に発生した原価と設定した標準原価との差異分析を通じて原価管理に役立てることを目的とした計算手法である。

1 標準原価計算の目的

標準原価計算は、実際原価計算の欠点を補い、原価低減や経営計画設定に役立たせることを目的としている。標準原価とは、製品の材料や製造にともなう労働力の消費量について科学的・統計的調査に基づいて算定されたものをいう。標準原価は現実的に達成可能な水準の目標値といえる。

企業は、材料費、労務費などの標準価格や標準単価を定めて標準原価を計算し、実際に発生した原価との比較・分析を通じて、原価管理を行うことが可能となる。

2 標準原価差異の分析

標準原価差異の分析には、直接材料費差異の分析、直接労務費差異の分析、製造間接費差異の分析などがある。製造間接費差異の分析は、やや複雑なため、省略する。

①直接材料費差異

直接材料費差異は、価格差異と数量差異で構成される。

価格差異は、材料の購入単価が予定と異なったことにより生じた原価差異であり、原材料価格の変動や購入先の選択などを原因として生じる。

数量差異は、製造に消費した材料の数量が予定と異なったことにより生じた原価差異であり、歩留まりや作業効率の良否などを原因として生じる。

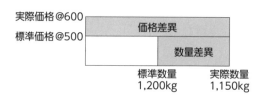

価格差異△115,000（不利差異）

＝（標準価格@500－実際価格@600）×実際数量1,150kg

数量差異 ＋25,000（有利差異）

＝（標準数量1,200kg－実際数量1,150kg）×標準価格@500

②直接労務費差異

直接労務費差異は、賃率差異と作業時間差異で構成される。

賃率差異は、賃率が予定と異なったことにより生じた原価差異であり、賃金水準の変更や作業人員の構成などを原因として生じる。

時間差異は、製造に要した直接作業時間が予定と異なったことにより生じた原価差異であり、作業効率の良否などを原因として生じる。

賃率差異△135,000（不利差異）

＝（標準賃率@800－実際賃率@900）×実際時間1,350h

作業時間差異 △120,000（不利差異）

＝（標準時間1,200h－実際時間1,350h）×標準賃率@800

【追加】 ポイント

- 直近5年間は、標準原価差異を算定する問題が繰り返し問われている。
- 直接材料費差異と直接労務費差異のいずれも算定できるように、計算方法をマスターする必要がある。

過去問

令和3年度 第8問 予算実績差異分析（価格差異・数量差異）
令和元年度 第9問 予算実績差異分析（材料消費価格差異）

論点31　収益性分析

ポイント

> 収益性分析は、企業の収益獲得能力を測る分析である。企業が存続するためには、継続的に安定した収益を獲得しなければならず、経営分析の中で最も重要な分析といえる。

1 経営分析

　財務諸表を用いて会社の財政状態や経営成績を分析する手法である。分析手法としては、同業他社などと比較する企業間比較分析、過年度実績と比較する時系列分析、予算実績分析がある。経営分析は、絶対額ではなく、比率を算定するため、企業規模が異なる会社間の比較も可能となる。

2 収益性分析とは

　収益性分析は、企業の収益獲得能力を測定する分析であり、総合的な収益力を測る最も基本的な指標は資本利益率である。これは以下のとおり、売上高利益率と資本回転率に分解できる。売上高利益率および資本回転率を改善するためには、収益性と効率性の向上が必要となる。

$$
\text{資本利益率(\%)} = \text{売上高利益率(\%)} \times \text{資本回転率(回)}
$$

$$
\frac{\text{利益}}{\text{資本}} = \frac{\text{利益}}{\text{売上高}} \times \frac{\text{売上高}}{\text{資本}}
$$

3 資本利益率

　資本利益率は、投下した資本を用いた利益獲得能力を測る指標である。資本利益率は当然に高いほうが望ましい。分母である資本は前期末と当期末の平均値を使用することが一般的だが、当期末の数値しか与えられない場合には、当期末の数値を用いて算定する。

〈資本利益率の代表的な指標〉

①総資本経常利益率

企業活動全体の収益性を示す指標である。

$$
総資本経常利益率(\%) \ = \ \frac{経常利益}{総資本} \ \times \ 100
$$

＊総資本＝負債＋純資産の合計

②経営資本営業利益率

経営活動の収益性を示す指標である。

$$
経営資本営業利益率(\%) \ = \ \frac{営業利益}{経営資本} \ \times \ 100
$$

＊経営資本＝総資本－（建設仮勘定＋投資その他の資産＋繰延資産）

③自己資本利益率

株主資本の収益性を示す指標である。一般的にROE（Return On Equity）とも呼ばれる。

$$
自己資本利益率(\%) \ = \ \frac{当期純利益}{自己資本} \ \times \ 100
$$

＊自己資本＝純資産－新株予約権

4 売上高利益率

売上高利益率は、売上高に対する利益の割合を示す指標である。比率は高いほうが望ましい。

〈売上高利益率の代表的な指標〉

①売上高総利益率

提供する商品・製品やサービスそのものの収益性を示す指標である。

$$
売上高総利益率(\%) \ = \ \frac{売上総利益}{売上高} \ \times \ 100
$$

②売上高営業利益率

本業である営業活動の収益性を示す指標である。

$$\text{売上高営業利益率 (\%)} = \frac{\text{営業利益}}{\text{売上高}} \times 100$$

③売上高経常利益率

投資活動や資金調達の巧拙といった財務活動まで含めた企業活動全体の収益性を示す指標である。

$$\text{売上高経常利益率 (\%)} = \frac{\text{経常利益}}{\text{売上高}} \times 100$$

追加 ポイント

収益性分析は、経営分析の中で最も重要な分析として位置づけられる。収益性分析の基礎となる資本利益率の構造を理解し、本論点で列挙した収益性分析の代表的な指標をしっかりと覚え、すべて正確に計算できるようにしておきたい。

過去問

令和2年度　第11問　収益性分析・安全性分析
令和2年度　第12問　収益性分析・安全性分析
令和元年度　第11問 (設問2) 収益性分析・効率性分析
令和元年度　第19問　収益性分析 (ROE)

論点32 効率性分析

ポイント

効率性分析は、企業が保有する資産をどの程度効率的に活用して売上高を獲得しているかを測る分析である。

1 効率性分析とは

効率性分析は、企業が保有資産から売上を得るために、それをどの程度有効に活用しているかを測定する手法である。

効率性分析の最も基本的な指標は、総資本回転率である。総資本回転率は分子である売上高に対し、総資本または各種資産を分母として計算する。単位は収益性分析と異なり、「回」となる。1回とは、保有資産を1回活用してそれと同額の売上高を獲得したことを意味する。

$$総資本回転率（回）\ =\ \frac{売上高}{総資本}$$

2 効率性分析の指標

効率性の代表的な指標は次のとおりである。回転数は、大きいほうが望ましいとされている。なお、分母である資産項目は前期末と当期末の平均値を使用することが一般的だが、当期末の数値しか与えられない場合には、当期末の数値を用いて算定する。

〈効率性分析の代表的な指標〉

①売上債権回転率

売上債権の効率性を示すとともに、回収状況の良否を表した指標である。売上債権に対する貸倒引当金が存在する場合は分母から控除して計算する。

$$売上債権回転率（回）\ =\ \frac{売上高}{受取手形＋売掛金}$$

②棚卸資産回転率

棚卸資産の効率性を示すとともに、販売速度を表した指標である。

$$棚卸資産回転率（回）＝\frac{売上高}{棚卸資産}$$

③有形固定資産回転率

有形固定資産の効率性を示すとともに、稼働状況を表した指標である。

$$有形固定資産回転率（回）＝\frac{売上高}{有形固定資産}$$

追加 ポイント

効率性分析の回転率計算において、分母と分子を反対にして計算しないように注意が必要である。回転率は、分子が売上高で分母が資産項目となる。

過去問
令和5年度　第13問　経営分析（効率性／キャッシュ・コンバージョン・サイクル）
令和元年度　第11問（設問2）　収益性分析・効率性分析

論点33 安全性分析

ポイント

安全性分析は、企業の財務健全性を測定する分析であり、安全性が低い場合には、倒産するリスクが高いとみなされる場合がある。支払能力を確認するために、多くの債権者はこの指標を重要視している。

🔢 効率性分析とは

　安全性分析は短期安全性、長期安全性、資本構成の状態を測ることができる分析である。金融機関においては、資金を融資する際の重要な判断指標の1つとしている。

🔢 安全性分析の指標

　安全性分析は、短期安全性、長期安全性、資本構造の状態を示す3つの指標に大きく分類できる。比率が高い場合と低い場合で良否が異なる指標があるため、その指標が意味するところをきちんと理解する必要がある。

〈短期安全性分析の代表的な指標〉

①流動比率

　　企業の短期的な支払能力を示す指標である。流動資産を流動負債で割って計算する。一般的に200%以上あるのが望ましいとされている。

$$流動比率(\%) = \frac{流動資産}{流動負債} \times 100$$

②当座比率

　　流動比率と同様に企業の短期的な支払能力を示す指標であるが、流動資産には換金性の低い資産も含まれており、支払に充当できない資産を多く持っている場合には、たとえ流動比率が高い場合でも、短期的な支払能力が高いとはいえない。そこで、流動資産のうち、特に換金性の高い当座資産に限って、より正確に短期的な支払能力を測定する指標が当座比率である。一般的に100%以上あるのが望ましいとされている。

$$当座比率(\%) = \frac{当座資産}{流動負債} \times 100$$

＊当座資産＝現金預金＋受取手形＋売掛金＋有価証券

（なお、貸倒引当金が存在する場合は、貸倒引当金を控除する）

〈長期安全性分析の代表的な指標〉

①固定比率

自己資本に対する固定資産の割合を示す指標である。固定資産に投下された資本は長期にわたって固定化され回収できないため、自己資本によってまかなわれることが望ましいとの考えに基づくものである。一般的に100%以下が望ましいとされている。

$$固定比率(\%) = \frac{固定資産}{自己資本} \times 100$$

②固定長期適合比率

自己資本と固定負債の合計に対する固定資産の割合を示す指標である。大型の製造設備が必要な企業の場合、自己資本のみでまかなうことは現実的ではないため、固定負債も含めて企業の長期支払能力を測定する。一般的に100%以下が望ましいとされている。

$$固定長期適合比率(\%) = \frac{固定資産}{固定負債＋自己資本} \times 100$$

〈資本構造分析の代表的な指標〉

①自己資本比率

総資本に占める自己資本の割合を示す指標である。自己資本比率は高いほうが望ましいとされている。

$$自己資本比率(\%) = \frac{自己資本}{総資本} \times 100$$

②負債比率

自己資本に対する負債の割合を示す指標である。財務安全性の観点からは、

他人資本に依存しすぎていないほうがよく、負債比率は低いほうが望ましいとされている。

$$負債比率 (\%) = \frac{負債}{自己資本} \times 100$$

〈安全性分析のその他の指標〉

①インタレスト・カバレッジ・レシオ

利息の支払い能力を示す指標である。事業利益で金利をどの程度まかなうことができるかを測る。

$$インタレスト・カバレッジ・レシオ (倍) = \frac{事業利益 (営業利益＋受取利息・配当金)}{金融費用 (支払利息)}$$

追加 ポイント

経営分析のうち、安全性分析は最も出題実績が多い。指標によっては低いほうが望ましいものもあり、各指標の意味を丁寧に理解し、計算方法を正確に習得する必要がある。

B 論点34 生産性分析

生産性分析は、労働力や原材料などの経営資源の投入量（インプット）に
対して、どの程度の産出量（アウトプット）を出すことができたかを測定
する分析である。企業の生産効率を示す指標といえる。

1 付加価値

付加価値とは、企業外部から購入した材料やサービスなど、他企業の生産物
に対し、その企業が、労働や生産などの手段により加工して新たに付加した価
値のことをいう。付加価値の算定方法は、さまざまなものがあるが、一般的に
は次の方法により計算される。

〈加算法：付加価値を構成する項目を加算する方法〉

付加価値＝経常利益＋人件費＋金融費用＋賃借料＋租税公課＋減価償却費

2 生産性分析の指標

付加価値労働生産性とは、企業の生産性を測定するために、従業員1人当た
りの付加価値を計算した指標である。その原因を検証するため、次のような分
解が行われる。

$$付加価値労働生産性（円）＝\frac{付加価値額}{平均従業員数}$$

〈付加価値労働生産性の分解①：平均有形固定資産残高〉

設備生産性は、有形固定資産がどの程度付加価値を生み出したかを示す指標
である。労働装備率は、従業員1人当たりの有形固定資産割当額を示し、設備
投資の合理性を分析する指標である。

$$付加価値労働生産性（円）＝設備生産性（\%）\times 労働装備率（円）$$
$$＝\frac{付加価値額}{平均有形固定資産残高}\times\frac{平均有形固定資産残高}{平均従業員数}$$

〈付加価値労働生産性の分解②：売上高〉

　付加価値率は、売上に対してどの程度、付加価値を生み出したかを示す指標である。

$$付加価値労働生産性(円) = 付加価値率(\%) \times 1人当たり売上高(円)$$
$$= \frac{付加価値額}{売上高} \times \frac{売上高}{平均従業員数}$$

〈付加価値分配率〉

　付加価値労働生産性の他に生産性分析においては、付加価値が各要素に分配される割合を示す付加価値分配率という指標がある。

　たとえば、労働分配率は次の計算式で示される。これは、付加価値のうち、どの程度人件費に分配されたかを意味する。

$$労働分配率(\%) = \frac{人件費}{付加価値額} \times 100$$

追加 ポイント

経営分析の中では他の指標と比較し、出題される頻度が少ないので、他の指標をマスターしたあとに学習するような優先順位づけで覚えるほうが望ましい。

過去問
令和5年度　第12問（設問1）　経営分析（生産性／付加価値率）
令和5年度　第12問（設問2）　経営分析（生産性／労働生産性）

A 2次 論点35 損益分岐点分析

ポイント

損益分岐点分析は、ＣＶＰ分析ともいい、Cost(費用)、Volume(営業量)、Profit(利益)の関係をもとに利益計画を行うための分析手法である。この分析を通じて、自社全体または事業のコスト構造を理解し、目標となる利益を獲得するためには、どのくらいの売上高や販売量が必要となるかを把握することが可能となる。

■ 損益分岐点分析

損益分岐点とは収益と費用が等しくなり、利益がゼロとなる売上高水準のことをいう。事業の損益構造を把握して、利益計画に役立てるために使用する分析手法である。損益分岐点のことを、BEP (Break-even Point)ともいう。

② 変動費と固定費

損益分岐点分析に当たって、コストである売上原価や販売費及び一般管理費を、販売量・生産量に連動する変動費と連動しない固定費に分類する必要がある。具体的には、製品の原材料、配送料などは変動費、事務所家賃、正社員の人件費は固定費に該当する。

変動費と固定費をより理解してもらうために、販売数量100個のときに、変動費1,000千円(@10千円/個)、固定費2,000千円のコスト構造を持つ事業を例に考える。ここで、販売数量が90個に減少した場合、販売量に連動する変動費は900千円(＝@10千円×90個)に減少するが、販売量に連動しない固定費は2,000千円のままとなる。反対に、販売数量が120個に増加した場合、変動費は1,200千円(＝@10千円×120個)に増加するが、固定費は2,000千円のままである。

なお、試験においては、問題文中に「売上原価のうち、○割は固定費である」といった指示があることが多い。なお、CVP分析の問題上、営業外収益と営業外費用が与えられた場合は、指示がない限り、固定費として扱うことが一般的である。

❸ 損益分岐点売上高

　今までの説明をもとに、販売数量と収益・費用の関係を示したのが次のグラフである。固定費は販売数量と関係なく、常に一定額発生するため、販売数量がゼロの場合、固定費相当の損失が発生することがわかる。販売数量が増加するにつれて、変動費も生じるものの、損失は減少していき、ある一点で利益がゼロとなる。これを損益分岐点といい、そのときの売上高を損益分岐点売上高と呼ぶ。

【 損益分岐点図表 】

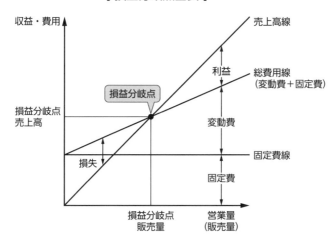

　上図より、「損益分岐点売上高＝変動費＋固定費」という式が成り立つ。これを変換すると「損益分岐点売上高×（１−変動費率）＝固定費」となり、損益分岐点売上高は、以下の公式により算定することができる。

$$損益分岐点売上高 \ = \ \frac{固定費}{（１-変動費率）}$$

　また、売上高から変動費を控除した利益を「限界利益」といい、（１−変動費率）は「限界利益率」として、上の式を次のように置き換えることができる。

$$損益分岐点売上高 \ = \ \frac{固定費}{限界利益率}$$

この式を活用して、目標利益を達成するために必要な売上高を算定する場合、固定費に目標利益を加算することで、目標利益達成に必要な売上高を算定することが可能となる。

$$目標利益達成に必要な売上高 = \frac{固定費＋目標利益}{限界利益率}$$

4 損益分岐点比率と安全余裕率

①損益分岐点比率

損益分岐点比率とは、実際売上高に対する損益分岐点売上高の割合のことをいう。企業にとって、損益分岐点売上高は利益を獲得するために越えなければいけないハードルのため、低いほうが望ましく、損益分岐点比率は低いほど優良と評価できる。

$$損益分岐点比率(\%) = \frac{損益分岐点売上高}{実際売上高} \times 100$$

なお、損益分岐点比率を下げるためには、1）変動費率の低減、2）固定費の削減、3）販売単価の引き上げ、4）販売数量の増加に関する施策を講じる必要がある。

②安全余裕率

安全余裕率とは、損益分岐点に対してどの程度余裕を持っているかをみる指標である。安全余裕率は、売上高がどの程度減少した場合に利益がゼロになるかを示すもので、「（実際売上高－損益分岐点売上高）÷実際売上高」によって算定することができる。損益分岐点比率と安全余裕率は、表裏一体の関係にあり、「損益分岐点比率＋安全余裕率＝100％」の関係が成り立つ。

【 損益分岐点売上高・損益分岐点比率・安全余裕率の計算例 】

設例： A社の売上高および費用が以下の場合における損益分岐点売上高、損益分岐点比率および安全余裕率はいくらか。また、目標利益を3,000千円とした場合における損益分岐点売上高、損益分岐点比率および安全余裕率はいくらか。

売上高	50,000千円
変動費	30,000千円
固定費	15,000千円

解答： ＜目標利益ゼロ＞
損益分岐点売上高＝15,000÷(1−30,000÷50,000)＝37,500千円
損益分岐点比率＝37,500÷50,000＝75%
安全余裕率＝(50,000−37,500)÷50,000＝25%、または1−75%＝25%

＜目標利益3,000千円＞
損益分岐点売上高＝(15,000＋3,000)÷(1−30,000÷50,000)
　　　　　　　　＝45,000千円
損益分岐点比率＝45,000÷50,000＝90%
安全余裕率＝(50,000−45,000)÷50,000＝10%、または1−90%＝10%

追加 ポイント

- 毎年のように出題される頻出論点である。販売数量が変化した場合に、コストはどのように変化し、利益にどのような影響を与えるかを理解して計算を行う必要がある。
- 販売単価が変化する前提の問題が出題される場合があるが、販売単価の変化はコストに影響を与えないという点を忘れずに覚えておきたい。したがって、値上げの場合には、販売単価の増加額×販売数量だけ利益が増加することとなる。

過去問
令和4年度　第12問 (設問2)　CVP分析 (損益分岐点売上高)
令和3年度　第12問　CVP分析 (損益分岐点／安全余裕率／目標利益)
令和2年度　第21問 (設問1)　CVP分析 (損益分岐点売上高)
令和2年度　第21問 (設問2)　CVP分析 (損益分岐点比率)

論点36 セグメントの業績評価

> ポイント

> セグメント（事業部など）の業績評価に当たっては、各セグメントの企業
> 全体への貢献度を測る必要がある。この貢献度は、「貢献利益」によって
> 表すことができる。

1 貢献利益

　貢献利益とは、売上高から変動費を控除した限界利益からセグメントに直接
紐づく個別固定費を控除した金額を指す。さらに、貢献利益から共通固定費を
控除すると営業利益となる。貢献利益は、セグメントで発生した共通固定費の
回収に貢献している利益のため、それがプラスの場合は存続、マイナスの場合
は廃止という判断になる。

【 CVP分析上の利益計算のまとめ 】

利益種類	計算方法
限界利益	売上高から変動費を控除した金額
貢献利益	限界利益から個別固定費を控除した金額
営業利益	貢献利益から共通固定費を控除した金額

② セグメントの業績評価例

設例： 次の部門別損益をもとに、廃止すべき部門の有無を答えよ。なお、有の場合は該当する部門名を答えよ。

	A部門	B部門	C部門
売上高	10,000千円	12,000千円	8,000千円
変動費	5,000千円	8,000千円	4,500千円
個別固定費	2,500千円	3,000千円	2,000千円
貢献利益	2,500千円	1,000千円	1,500千円
共通固定費	1,000千円	1,500千円	800千円
営業利益	1,500千円	△500千円	700千円

解答： 廃止すべき部門はない。すべての部門で貢献利益を計上しており、部門を廃止した場合にはその分全社の営業利益が減少してしまうため。

【追加】【ポイント】

- 1次試験での出題実績は少ないものの、2次試験では頻出となっている論点である。
- 限界利益、貢献利益および営業利益の関係性を把握しておくとともに、CVP分析上、各利益がどのような意味合いをもつかを正確に理解する必要がある。

過去問　過去5年間での出題実績はないが、平成24年度に貢献利益の計算式が問われた。

論点37 最適プロダクト・ミックス

ポイント

> 最適プロダクト・ミックスとは、複数の製品を販売している場合に利益を
> 最大化するために、各製品をどのくらい製造・販売すべきかを決定するこ
> とである。企業が保有する経営資源は有限なため、収益性が高い製品から
> 順に製造して、販売することが求められる。

1 最適プロダクト・ミックスの基本的な考え方

　通常、企業は複数の製品を製造・販売している。企業は、限られた経営資源
という制約の中で利益を最大とするために、各製品をどのくらい製造・販売す
べきかを決定する必要がある。このような製品の組み合わせを最適プロダクト・
ミックスという。

2 最適プロダクト・ミックスによる利益算定方法

①制約条件の確認と製造・販売の優先順位づけ

　利益を最大化する最適プロダクト・ミックスの決定にあたっては、企業にお
ける制約条件を確認し、その内容に応じて、製品ごとの収益性を確認する。よ
くある制約条件は、以下のとおりである。

制約条件	優先順位の基準
販売数量	製品1個当たりの限界利益額が高い製品を優先に製造
製造時間	製造1時間当たりの限界利益額が高い製品を優先に製造

②1単位当たりの限界利益 (率) の計算

　制約条件をもとに1単位当たりの限界利益 (率) を計算し、製造する順番を
決定する。

③限界利益の合計額算定

　上記で決定した順番に基づき、制約条件の上限に達するまで各製品を製造し、
限界利益の合計額を算定する。

【 最適プロダクト・ミックスの計算例 】

設例: 製品別の販売価格および原価などのデータは次のとおりである。最大可能な設備稼働時間が1,000時間であるとき、営業利益を最大にする各製品の販売数およびそれに基づく限界利益はいくらか。(平成19年度中小企業診断士第1次試験 財務・会計 第10問改題)

	製品A	製品B	製品C
販売価格	6,000円	9,000円	12,000円
単位当たり変動費	4,200円	6,300円	8,400円
単位当たり設備稼働時間	1時間	2時間	4時間
最大可能販売数量	400個	200個	120個

解答: 制約条件は設備可能時間のため、各製品の1時間当たり限界利益額を算定
製品A＝(6,000円－4,200円)÷1時間＝@1,800円
製品B＝(9,000円－6,300円)÷2時間＝@1,350円
製品C＝(12,000円－8,400円)÷4時間＝@900円
上記より、1時間当たり限界利益額の大きい順に、製品A→製品B→製品C
を製造していく。
製品A＝400個×1時間＝400時間
製品B＝200個×2時間＝400時間
残りの製造時間は、1,000時間－400時間－400時間＝200時間のため、
製品Cの製造可能個数は、200時間÷4時間＝50個となる。
したがって、各製品の販売数は製品A：400個、製品B：200個、製品C：
50個である。それに基づく限界利益は次のとおり、1,440千円となる。
製品A＝(6,000円－4,200円)×400個＝720千円
製品B＝(9,000円－6,300円)×200個＝540千円
製品C＝(12,000円－8,400円)×50個＝180千円

追加 ポイント

「セグメントの業績評価」と同様に、1次試験での出題実績は少ないものの、2次試験では頻出となっている論点である。
計算例や過去問などを参考に、最適プロダクト・ミックスを決定して、利益の算定ができるまで、繰り返し問題演習をすることが望ましい。

過去問 過去5年間での出題実績はないが、平成22年度に販売数量の組み合わせを制約条件とする最適プロダクト・ミックス、平成19年度に設備稼働時間を制約条件とする最適プロダクト・ミックスが出題されている。

(以下、p.87からのつづき)

(7) 資金調達と配当政策

資金調達の形態 (内部金融と外部金融、直接金融と間接金融、自己資本と他人資本、企業間信用、リース)、資本コスト (負債のコスト、自己資本のコスト、加重平均資本コスト)、ペイアウト政策 (配当の種類、配当性向、配当政策の効果、自社株買い)、最適資本構成 (財務レバレッジ、モジリアーニ・ミラー (MM) 理論)、その他

(8) 実物投資

貨幣の時間価値と割引キャッシュフロー (DCF)、投資評価基準 (回収期間法、会計的投資利益率法、内部収益率 (IRR) 法、正味現在価値 (NPV) 法、収益性指数法)、不確実性下の投資決定、その他

(9) 証券投資

ポートフォリオ理論 (ポートフォリオのリスクとリターン、効率的ポートフォリオ、最適ポートフォリオの選択)、資本市場理論 (効率的市場仮説、資本資産評価モデル (CAPM) の理論、市場モデル)、その他

(10) 企業価値

株主価値の算定 (配当割引モデル、株価収益率、株価純資産倍率、株価キャッシュフロー倍率)、企業価値評価モデル (残余利益モデル、割引キャッシュフローモデル)、企業合併・買収における企業評価 (収益還元方式、純資産方式、市場株価比較方式、乗数法 (マルチプル法))、その他

(11) デリバティブとリスク管理

リスクの種類、オプション取引 (コールオプション、プットオプション)、先物取引 (先物為替予約、通貨先物取引)、スワップ (金利スワップ、通貨スワップ)、その他

(12) その他財務・会計に関する事項

II

ファイナンス

論点1 将来価値と現在価値

> 貨幣の時間価値を理解することはファイナンスの最も重要な考え方である。貨幣の価値には将来価値と現在価値があり、今日の1万円(=現在価値)と1年後の1万円(=将来価値)は同じ価値を持たないと考える。この現在価値を求めるために、複利現価係数と年金現価係数を使用する。

1 将来価値と現在価値

　今日の1万円と1年後の1万円は同じ価値を持たない。これは、貨幣には時間価値が反映されるべきだからである。もし今日1万円を受け取れる場合、これを金融機関の口座に1年間預金することで、「金利」により利息を受け取ることができる。

　たとえば、現在1万円を保有しており、金利が5%であった場合、1年後には $10,000円 \times (1 + 0.05) = 10,500$ 円となる。

　上記の例でいえば、現在価値は10,000円、1年後の将来価値は10,500円となり、これらは同じ価値を持つことを意味する。これを算式にすると、将来価値=現在価値×(1+金利)、つまり以下の式を導ける。

$$現在価値 = \frac{将来価値}{1 + 金利}$$

また、n年後の現在価値は、次のように一般化することができる。

$$現在価値 = \frac{将来価値}{(1 + 金利)^n}$$

2 単利と複利

　金利の計算方法は単利と複利の2種類がある。単利は、元本に対してのみ金利計算され、複利は、元本に加えて発生した利息も含めて金利計算される。受け取れる利息(または支払う利息)の総額は、複利のほうが大きくなる。

　元本が1万円で金利を5%とした場合の利息計算はそれぞれ次のようになる。

【 単利と複利の計算例 】

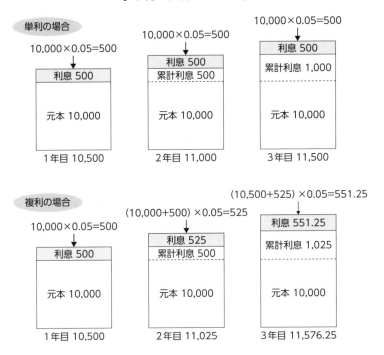

③ 複利現価係数と年金現価係数

複利現価係数とは、将来のある一定時点に受取が行われる場合の現在価値を求めるために使用する係数である。

次の複利現価係数表をもとに、将来の受取額に対応する係数を乗じて現在価値を計算する。タテは現在から起算して受取が行われるまでの年数、ヨコは割引率を意味し、交差する係数を用いる。

たとえば、割引率5%、3年後に現金100円を受け取る場合、現在価値は、100円×0.8638＝86.38円と算定される。

	1%	2%	3%	4%	5%	6%	7%	8%	9%	10%
1年	0.9901	0.9804	0.9709	0.9615	0.9524	0.9434	0.9346	0.9259	0.9174	0.9091
2年	0.9803	0.9612	0.9426	0.9246	0.9070	0.8900	0.8734	0.8573	0.8417	0.8264
3年	0.9706	0.9423	0.9151	0.8890	0.8638	0.8396	0.8163	0.7938	0.7722	0.7513
4年	0.9610	0.9238	0.8885	0.8548	0.8227	0.7921	0.7629	0.7350	0.7084	0.6830
5年	0.9515	0.9057	0.8626	0.8219	0.7835	0.7473	0.7130	0.6806	0.6499	0.6209
6年	0.9420	0.8880	0.8375	0.7903	0.7462	0.7050	0.6663	0.6302	0.5963	0.5645
7年	0.9327	0.8706	0.8131	0.7599	0.7107	0.6651	0.6227	0.5835	0.5470	0.5132
8年	0.9235	0.8535	0.7894	0.7307	0.6768	0.6274	0.5820	0.5403	0.5019	0.4665
9年	0.9143	0.8368	0.7664	0.7026	0.6446	0.5919	0.5439	0.5002	0.4604	0.4241
10年	0.9053	0.8203	0.7441	0.6756	0.6139	0.5584	0.5083	0.4632	0.4224	0.3855

　一方で、年金現価係数とは、毎年同額の受取が行われる場合の現在価値を求めるために使用する係数である。

　複利現価係数と同様に、次の係数表をもとに、一定の期間における将来の受取額に対応する係数を乗じて現在価値を計算する。タテは現在から起算して受取が行われる期間の年数、ヨコは割引率を意味し、交差する係数を用いる。

　たとえば、割引率5%、現金100円を将来3年間にわたって受け取る場合、現在価値は、100円×2.7232＝272.32円と算定される。

【 年金現価係数表 】

	1%	2%	3%	4%	5%	6%	7%	8%	9%	10%
1年	0.9901	0.9804	0.9709	0.9615	0.9524	0.9434	0.9346	0.9259	0.9174	0.9091
2年	1.9704	1.9416	1.9135	1.8861	1.8594	1.8334	1.8080	1.7833	1.7591	1.7355
3年	2.9410	2.8839	2.8286	2.7751	2.7232	2.6730	2.6243	2.5771	2.5313	2.4869
4年	3.9020	3.8077	3.7171	3.6299	3.5460	3.4651	3.3872	3.3121	3.2397	3.1699
5年	4.8534	4.7135	4.5797	4.4518	4.3295	4.2124	4.1002	3.9927	3.8897	3.7908
6年	5.7955	5.6014	5.4172	5.2421	5.0757	4.9173	4.7665	4.6229	4.4859	4.3553
7年	6.7282	6.4720	6.2303	6.0021	5.7864	5.5824	5.3893	5.2064	5.0330	4.8684
8年	7.6517	7.3255	7.0197	6.7327	6.4632	6.2098	5.9713	5.7466	5.5348	5.3349
9年	8.5660	8.1622	7.7861	7.4353	7.1078	6.8017	6.5152	6.2469	5.9952	5.7590
10年	9.4713	8.9826	8.5302	8.1109	7.7217	7.3601	7.0236	6.7101	6.4177	6.1446

追加 ポイント

現在価値や現価係数については、2次試験にも必要となる基礎知識であるため、考え方をきちんと理解しておきたい。また、年金現価係数のn年目とn+1年目の差額がn+1年目の複利現価係数になることを理解しておくと便利である。

B 2次 論点2　将来キャッシュ・フローの予測

投資の意思決定においては、将来キャッシュ・フローの予測と現在価値への割引計算が必要となる。法人税が存在する場合には、将来キャッシュ・フローの算定において、タックスシールドを考慮することが求められる。

1 将来キャッシュ・フロー (CF) の予測

投資の意思決定においては、まず初めに投資により発生する将来CFを算定し、その後、割引計算を行い合算することでCFの現在価値合計を求める。

将来CFの算定方法は、主に以下の2通りである。

① 営業利益から算定する方法

営業利益に支出を伴わない費用である減価償却費を足し戻して算定する。

> 将来CF ＝ 営業利益 ＋ 減価償却費 ± 運転資本増減額 － 投資額

② 現金収入を伴う収益 (CIF) と現金支出を伴う費用 (COF) から算定する方法

CIFからCOFを差し引くことで算定する。

> 将来CF ＝ CIF － COF ± 運転資本増減額 － 投資額

＜運転資本増減額＞

運転資本の増加は、現金の減少要因となるため、将来CFの算定に当たっては運転資本増加額を減算する。一方、運転資本の減少は、現金の増加要因となるため、将来CFの算定に当たっては運転資本減少額を加算する。

具体的な算式は、以下となる。

> 運転資本増減額 ＝ 当期末の運転資本残高 － 前期末の運転資本残高
> 運転資本 ＝ 売上債権 ＋ 棚卸資産 － 仕入債務

☑ 法人税を考慮する場合の将来CF

法人税を考慮する場合の税引後将来CFは、以下のように求められる。

① 営業利益から算定する方法

営業利益に法人税額を考慮して算定する。

> 税引後将来CF ＝
> 営業利益 × (1−税率) ＋ 減価償却費 ± 運転資本増減額 − 投資額

② CIFとCOFから算定する方法

CIFからCOFを差し引いた額に法人税額を考慮し、さらに減価償却費による法人税節税額 (タックスシールド) を計上して算定する。

> 税引後将来CF ＝
> (CIF−COF) × (1−税率) ＋ 減価償却費 × 税率 ± 運転資本増減額 − 投資額

なお、①の算定方法における減価償却費によるタックスシールドは、税引後営業利益において考慮されている。これは、次のように証明できる。

「営業利益＝CIF − COF − 減価償却費」が成り立つことから、①の算式は、「(CIF − COF − 減価償却費) × (1 − 税率) ＋ 減価償却費 ± 運転資本増減額 − 投資額」に置き換えられ、それを組み替えると「(CIF − COF) × (1 − 税率) ＋ 減価償却費 × 税率 ± 運転資本増減額 − 投資額」となり、②の算定方法と同様の算式となる。

☑ タックスシールド

タックスシールドとは、支払税額の軽減効果のことである。減価償却費などの非資金費用は、会計上の利益を減少させ、それに対応する分だけの法人税を節約する効果がある。そのため、CF計算においては、減価償却費×税率分のCF増加をもたらす。

【 タックスシールドのイメージ 】

上図における太枠囲みの部分は企業に残るCFを表しており、減価償却費がある場合は、ない場合と比較して、濃い色の部分（タックスシールド）だけCFが増加していることがわかる。

❹ 現在価値への割引計算

将来CFの比較を行う場合には、複利現価係数または年金現価係数を用いて将来CFの現在価値を算定し比較する。

たとえば、売上収入が毎年600千円、現金支出が毎年300千円、減価償却費が100千円、税率40％、割引率10％である場合、次のように算定する。

割引率10%	1年度末	2年度末	3年度末
複利現価係数	0.91	0.83	0.75
年金現価係数	0.91	1.74	2.49

① 将来CFの算出

220千円＝営業利益（600－300－100）×（1－40％）＋減価償却費100

もしくは、

220千円＝（CIF600－COF300）×（1－40％）＋減価償却費100×40％

②現在価値への割引計算

<複利現価係数を用いる場合>

1年度末：$220 \times 0.91 = 200.2$ 千円

2年度末：$220 \times 0.83 = 182.6$ 千円

3年度末：$220 \times 0.75 = 165$ 千円

将来CFの現在価値合計 $= 200.2 + 182.6 + 165 = 547.8$ 千円

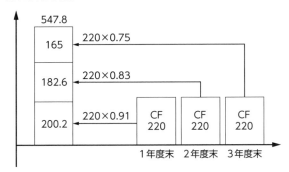

<年金現価係数を用いる場合>

　将来CFは毎期220千円であるため、3年度末の年金現価係数を用いて、将来CFの現在価値合計 $= 220 \times 2.49 = 547.8$ 千円

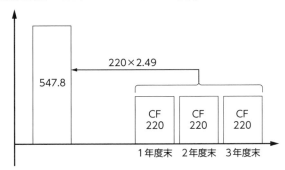

論点3　投資評価基準

> 投資や事業の代表的な評価方法として、正味現在価値法、内部収益率法、回収期間法、収益性指数法がある。また、複数の投資案の関係性に着目した分類として、独立投資と相互排他的投資がある。

■ 正味現在価値法（NPV）

　投資により生じるキャッシュ・フローの現在価値合計から初期投資額を控除し、現在価値がプラスとなるかマイナスとなるかで投資可否を判断する方法である。現在価値がプラスであれば投資を行い、マイナスであれば投資は行わないと判断する。

$$\text{NPV}=\text{CF}_1\times\frac{1}{1+r}+\text{CF}_2\times\frac{1}{(1+r)^2}+\cdots+\text{CF}_n\times\frac{1}{(1+r)^n}-初期投資額$$

CF_n：n年目のキャッシュ・フロー、r：資本コスト

【 正味現在価値法による投資案評価の設例 】

設例：　設備投資額が1,000千円、耐用年数5年（減価償却費200千円／年）であり、毎期営業利益が500千円、3年後に設備を残存価額（400千円）にて売却を行う投資案のNPVはいくらか。なお、税率は40％、割引率は10％である。また、算定したNPV結果をもとにこの投資案を行うべき否かを答えよ。

割引率10%	1年度末	2年度末	3年度末
複利現価係数	0.91	0.83	0.75

解答：　1年目・2年目CF＝
　　　　営業利益500×（1－40％）＋減価償却費200＝500千円
　　　　3年目CF＝
　　　　営業利益500×（1－40％）＋減価償却費200＋売却収入400＝900千円
　　　　NPV＝500×0.91＋500×0.83＋900×0.75－設備投資額1,000
　　　　　　＝545千円
　　　　よって、NPVは545千円とプラスになることから、本投資案は実行すべきである。また、設備売却収入は本設備投資により発生するものであることから、3年目のCFに売却価額を加算することに注意する必要がある。

❷ 内部収益率法（IRR）

　内部収益率とは、正味現在価値がゼロとなる割引率である。その内部収益率を求め、それが資本コスト（＝割引率）を上回る場合は投資する。

$$0=\mathrm{CF}_1 \times \frac{1}{1+r} + \mathrm{CF}_2 \times \frac{1}{(1+r)^2} + \cdots + \mathrm{CF}_n \times \frac{1}{(1+r)^n} -初期投資額$$

　CF_n：n年目のキャッシュ・フロー、r：内部収益率

【 内部収益率と資本コスト 】

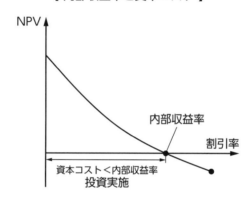

<問題点>

　将来キャッシュ・フローの符号が変わる場合は、複数の内部収益率が算定されるため、正味現在価値法を併用しないと意思決定が行えない。

❸ 回収期間法（PP）

　初期投資額を何年で回収できるかを測定する方法である。その回収期間があらかじめ設定した期間よりも短ければ投資を行い、長ければ投資は行わない。

①毎年同額のキャッシュ・フローが生じる場合

$$回収期間＝\frac{設備投資額}{キャッシュ・フロー}$$

②各年度に異なるキャッシュ・フローが生じる場合

　年度ごとに投資額の回収状況を算定して求める。

　たとえば、投資額が1万円で、投資後1年目に3,000円、2年目に4,000円、

3年目に5,000円のキャッシュ・フローが得られるとした場合、

投資後1年目の残り回収額：10,000 − 3,000 ＝ 7,000円

投資後2年目の残り回収額：7,000 − 4,000 ＝ 3,000円

$$回収期間 = 2年 + \frac{3,000}{5,000} = 2.6年$$

＜問題点＞

・時間価値（キャッシュ・フローの発生タイミング）を考慮していない。

・投資額回収後に発生するキャッシュ・フローを考慮していない。

■4 収益性指数法（PI）

収益性指数とは、各年度のキャッシュ・フローの現在価値合計を分子、初期投資額を分母とした比率である。収益性指数が1以上の場合は投資を行う。

$$収益性指数 = \frac{キャッシュ・フロー現在価値合計}{初期投資額}$$

■5 独立投資と相互排他的投資

独立投資とは、各投資案が無関係であり、実行可否について各投資案別に判断可能な投資案である。反対に、相互排他的投資とは、2つの投資案を同時に実行することができず、必ず1つを選択して他方を棄却しなければならないような投資案である。

追加 ポイント

正味現在価値法と内部収益率法は特に頻出の論点であるため、必ずマスターしておきたい。また、それぞれの評価方法の問題点についても押さえておく。

過去問

令和5年度 第17問 IRR／資本コスト
令和4年度 第21問 NPV／収益性指数法
令和3年度 第19問 NPV／収益性指数法
令和元年度 第23問 会計的投資利益率法／回収期間法／NPV／IRR

論点4　不確実性下の投資決定

ポイント

将来キャッシュ・フローの発生が不確実な場合に、発生確率に応じて期待値を計算して投資決定を行う場合がある。また、キャッシュ・フローの算定においてリスクが存在する場合に調整を行う方法として、リスク割引率法と確実性等価法がある。

■ デシジョン・ツリー

デシジョン・ツリーとは、将来起こり得る事柄をすべて列挙し、選択肢ごとの結果と発生確率に応じた期待値をもとに投資評価をする方法である。

たとえば、商品Aと商品Bの2つの商品の採否について検討しており、以下の表のとおり、両商品が景気により売上が左右される場合について考えてみる。

【 期待値計算の具体例 】

景気	好況 （発生確率20%）	通常 （発生確率70%）	不況 （発生確率10%）
商品A	200万円	150万円	70万円
商品B	150万円	140万円	130万円

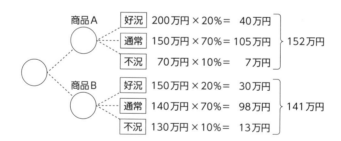

上図のように商品Aの期待値は152万円、商品Bの期待値は141万円となることから、商品Aを販売したほうが有利であると判断できる。

② リスク調整割引率法と確実性等価法

① リスク調整割引率法

将来CFの不確実性を割引率に考慮して計算する方法である。

$$\text{NPV}=\text{CF}_1\times\frac{1}{1+r+\gamma}+\text{CF}_2\times\frac{1}{(1+r+\gamma)^2}+\cdots+\text{CF}_n\times\frac{1}{(1+r+\gamma)^n}-投資額$$

CF_n：n年目のキャッシュ・フロー、r：資本コスト
γ：リスクプレミアム

② 確実性等価法

将来CFの不確実性を確実性等価係数により調整して計算する方法である。

$$\text{NPV}=\alpha_1\times\text{CF}_1\times\frac{1}{1+r}+\alpha_2\times\text{CF}_2\times\frac{1}{(1+r)^2}+\cdots+\alpha_n\times\text{CF}_n\times\frac{1}{(1+r)^n}-投資額$$

CF_n：n年目のキャッシュ・フロー、r：資本コスト
α_n：n年目の確実性等価係数

追加 ポイント

デシジョン・ツリーの具体例のように期待値計算により解答できる問題が出題されている。また、デシジョン・ツリーは2次試験において頻出の論点であるため、必ず押さえておきたい。

過去問
令和5年度 第16問 意思決定（差額原価収益分析）
令和4年度 第22問 リスク割引率法／確実性等価法

A 論点5　リスクとリターン

ポイント

> 証券投資論において、リターンは期待値、リスクは標準偏差で測定される。

1 リスクとリターン

　リターンとは、投資に対する利益または損失の割合を指す。それに対して、リスクとは、このリターンを得る場合における将来の不確実性を指す。リスクの種類は、金利リスク、為替リスク、信用リスク、流動性リスクなどがある。

【 リスクの種類 】

用途	意味
金利リスク	金利が変動することにより債券の価格が変化する
為替リスク	為替相場の変動により損益が生じる
信用リスク	投資先の会社の財務状況の悪化などにより損益が生じる
流動性リスク	市場取引において取引が成立しない

　投資資産には、リスクゼロであり、リスクフリーレートで運用される「安全資産」と、リスクがあり、リスクフリーレートにそのリスクに対するリスクプレミアム（追加的なリターン）を上乗せしたリターンで運用される「リスク資産」がある。

2 期待値、偏差、分散、標準偏差

　証券投資論において、リターンは「期待値」、リスクは「標準偏差」で測定される。「標準偏差」とは、ばらつきの度合いを示し、算定に当たっては、「期待値」、「偏差」、「分散」を順に算定していくことが必要となる。

　ここで、「期待値」は、ある事象から生じる結果に、その事象が生じる確率を掛けた総和で計算される。データのばらつきを示す「分散」は、ある事象の期待される収益率から期待値の差（「偏差」）を2乗したものに発生確率を乗じた総和で計算され、「標準偏差」は、この「分散」の平方根によって算定することができる。

【 期待値・偏差・分散・標準偏差の計算方法 】

用語	計算方法
期待値	(投資収益率×発生確率) の総和
偏差	ある事象の期待される収益率−期待値
分散	(偏差^2×その発生確率) の総和
標準偏差	分散の平方根 ($\sqrt{\ }$)

　ある投資案の投資収益率は、2%、5%、10%のいずれかで、それぞれ発生確率は50%、30%、20%と仮定した場合の期待値・偏差・分散・標準偏差は、次のように計算される。

【 期待値・偏差・分散・標準偏差の計算方法 】

投資収益率 ①	発生確率 ②	期待値 ③＝Σ(①×②)	偏差 ④＝(①−③)	偏差の2乗 ⑤＝④の2乗	⑥＝②×⑤
2%	50%		−2.5%	6.25	3.13
5%	30%	4.5%	0.5%	0.25	0.07
10%	20%		5.5%	30.25	6.05
			分散	⑦＝Σ⑥	9.25
			標準偏差	$\sqrt{⑦}$	3.04

追加 ポイント

期待値、分散、標準偏差の算定問題は頻出で出題されていることから、期待値から標準偏差まで、計算例を参考に最後まで計算できるようにすることが望ましい。

A 論点6 ポートフォリオ理論

ポイント

ポートフォリオ理論は、複数資産への投資によって、投資リスクを分散することで、単独で投資した場合より、リターンに影響を与えずに投資リスクを軽減できるという考え方である。ポートフォリオの収益性のばらつき度合いは、共分散や相関係数によって表される。

1 ポートフォリオとは

複数資産からなる資産全体の構成をポートフォリオという。ポートフォリオ理論は、互いに連動性のない資産(相関係数が1ではない)に分散投資をすると投資リスクを軽減させる効果が期待できる考え方のことである。最適なポートフォリオは、投資リスクを限りなく軽減する投資の組み合わせである。

2 共分散と相関係数

共分散とは、環境変化(為替相場の変動など)により2つの資産がどの方向に動くのか、その動きの相関性はどの程度かを判断する概念である。

相関係数とは、2つの資産の動く方向性を共分散と同じようにプラスとマイナスの符号を用い、その相関性の程度を−1から1までの範囲の指数として表したものである。

【 共分散と相関係数の計算方法 】

用語	計算方法
共分散	ある事象における(Aの偏差)×(Bの偏差)×発生確率の総和
相関係数 (ρ:ロー)	共分散÷(Aの標準偏差×Bの標準偏差)

【 相関係数の符号と数値の意味 】

相関係数	意味
$\rho = 1$	正の完全相関と呼ばれ、両資産はまったく同じ方向に動く（ポートフォリオにおけるリスク低減の効果なし）
$\rho = 0$	無相関と呼ばれ、両資産はまったく関係なく動く
$\rho = -1$	負の完全相関と呼ばれ、両資産はまったく逆方向に動く（ポートフォリオの組み合わせによって、リスクを0にすることができる）。

【 相関係数別のポートフォリオにおけるリスクとリターン 】

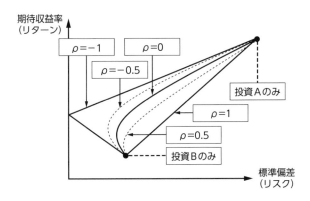

相関係数1の場合は投資Aと投資Bを結ぶ直線となるが、相関係数-1の場合は2本の直線となり、リスクゼロのリターンが得られる投資の組み合わせを選択することが可能となる。

【 共分散と相関係数の設例 】

設例： プロジェクトAおよびプロジェクトBがあり、両プロジェクトの収益率は、今夏の気候にのみ依存する。気候ごとの予想収益率は、下表のとおりである。E社は、今夏の気候について、猛暑になる確率が40%、例年並みになる確率が40%、冷夏になる確率が20%と予想している。プロジェクトAとBの共分散、相関係数を求めよ。（平成27年度中小企業診断士第1次試験財務・会計　第17問改題）

	猛暑	例年並み	冷夏
プロジェクトA	5%	2%	-4%
プロジェクトB	-4%	2%	8%

解答：

	確率 ①	Aの 収益率 ②	Aの 期待値 ③= Σ(①×②)	Bの 収益率 ④	Bの 期待値 ⑤=Σ (①×④)	Aの 偏差 ⑥= (②-③)	Bの 偏差 ⑦= (④-⑤)	⑧= ①×⑥×⑦
猛暑	40%	5%		-4%		3.0%	-4.8%	-5.76
例年通り	40%	2%	2.0%	2%	0.8%	0.0%	1.2%	0.00
冷夏	20%	-4%		8%		-6.0%	7.2%	-8.64
						共分散	Σ⑧	-14.40

上表のとおり、共分散は、−14.40となる。

プロジェクトA

投資収益率 ①	発生確率 ②	期待値 ③=Σ(①×②)	偏差 ④=(①-③)	偏差の2乗 ⑤=④の2乗	⑥=②×⑤
5%	40%		3.0%	9.00	3.60
2%	40%	2.0%	0.0%	0.00	0.00
-4%	20%		-6%	36.00	7.20
			分散	⑦=Σ⑥	10.80
			標準偏差	Σ⑦	3.29

プロジェクトB

投資収益率 ①	発生確率 ②	期待値 ③=Σ(①×②)	偏差 ④=(①-③)	偏差の2乗 ⑤=④の2乗	⑥=②×⑤
-4%	40%		-4.8%	23.04	9.22
2%	40%	0.8%	1.2%	1.44	0.58
8%	20%		7.2%	51.84	10.37
			分散	⑦=Σ⑥	20.16
			標準偏差	Σ⑦	4.49

上表のとおり、プロジェクトAの標準偏差は3.29、プロジェクトBの標準偏差は4.49となる。
以上の算定結果をもとに、相関係数を算出する。
相関係数＝共分散÷(プロジェクトAの標準偏差×プロジェクトBの標準偏差)
　　　　＝−14.4÷(3.29×4.49)＝−0.97(小数点第3位四捨五入)
−1に近く、非常に強い負の相関関係があるといえる。

3 効率的ポートフォリオ

　横軸にリスク、縦軸にリターンをとった場合の2資産からなるポートフォリオのリスクとリターンを示した図は、以下のとおりである。

【 効率的ポートフォリオにおけるリスクとリターン 】

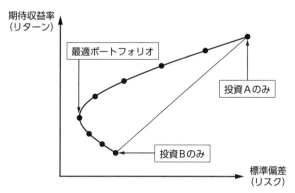

　上図に示すように分散投資することによって、単独投資の場合と比較して、リスクを低減することができる。ポートフォリオの分散は、次の式で表せる。

【 ポートフォリオの分散と標準偏差の計算方法 】

用語	計算方法
ポートフォリオの分散	(各事象におけるポートフォリオの収益率と期待収益率の偏差)² ×発生確率
ポートフォリオの標準偏差	ポートフォリオの分散の平方根

　2の設例において、プロジェクトAとプロジェクトBにそれぞれ60％、40％の割合で投資した場合のポートフォリオの標準偏差は、以下となる。

Aの収益率 ①	②=①×60%	Bの収益率 ③	④=③×40%	発生確率 ⑤	期待収益率 ⑥=②+④	⑦=Σ(⑥×⑤)	偏差 ⑧=⑥−⑦	偏差の2乗 ⑨=⑧の2乗	⑩=⑤×⑨
5%	3.0%	−4%	−1.6%	40%	1.40%		−0.12%	0.01	0.01
2%	1.2%	2%	0.8%	40%	2.00%	1.52%	0.48%	0.23	0.09
−4%	−2.4%	8%	3.2%	20%	0.80%		−0.72%	0.52	0.10
					ポートフォリオの分散		⑦=Σ⑥		0.20
					ポートフォリオの標準偏差		√⑦		0.45

プロジェクトAとBの一方のみであればリスク(標準偏差)は、それぞれ3.29
と 4.49であるのに対し、60%、40%の分散投資によって、0.45となっており
リスク軽減がされていることがわかる。

　また、3つ以上の資産のポートフォリオは下図のようになる。傘型の内側の
部分が選択可能なポートフォリオであり投資機会集合と呼ばれる。同じリター
ンではリスクが最小に、同じリスクではリターンが最大になるような組み合わ
せを結んだ線上(下図X－Y間)を「効率的フロンティア」という。

【 効率的フロンティア 】

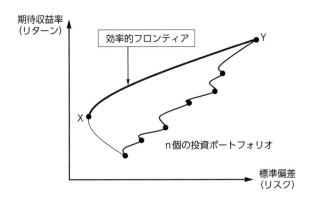

4 安全資産とリスク資産のポートフォリオ

　安全資産とリスク資産とのポートフォリオについて、考えてみよう。国債な
どリスクのない安全資産を組み合わせた場合、効率的フロンティアは、安全資
産のみのA点からリスク資産の有効フロンティアに接するAYBの直線となる。
この直線は、投資家が最も効率的であると認識する線であり、「資本市場線」
と呼ばれる。また、接点上Yは「市場ポートフォリオ」と呼ばれる。

【 安全資産とリスク資産のポートフォリオ 】

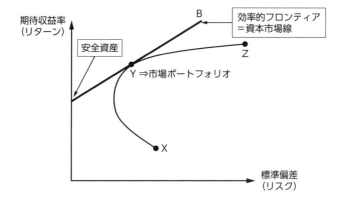

5 システマティック・リスクとアンシステマティック・リスク

これまで分散投資によってリスクが軽減できることを説明したが、分散したとしても除去できないリスクがある。

これを「システマティック・リスク（市場リスク）」といい、株式に関して市場全体のリスクの影響を受けるリスクであり、分散投資によっても軽減できない。なお、軽減できるリスクのことを「アンシステマティック・リスク（個別リスク）」といい、個々の企業活動に起因するリスクである。

追加 ポイント

効率的ポートフォリオ、効率的フロンティアの理論問題は頻出なので、期待収益率と標準偏差の関係について理解を深めておきたい。
共分散、相関係数の算定問題も、計算例を参考に計算できるようにすることが望ましい。

過去問
令和4年度　第16問　効率的フロンティア（安全資産／リスク資産）
令和3年度　第20問　効率的フロンティア／市場ポートフォリオ
令和2年度　第22問　効率的ポートフォリオ／資本市場線／市場ポートフォリオ
令和元年度　第13問　無差別曲線
令和元年度　第15問　安全資産／有効フロンティア／資本市場線

論点7 CAPM (資本資産評価モデル)

> CAPMは、市場の変化に対する感度が高いほど投資家の要求するリターンは高くなるという前提に基づくものである。

■ CAPM理論とは

CAPM理論とは、市場のリスクが高い資産ほど期待収益率（株主資本コスト）が高くなるという理論である。市場のリスクは、市場の変動に対する感応度β値で表される。CAPM理論における期待収益率は下記の式で求められる。

> $r_e = r_f + \beta\,(r_m - r_f)$
> r_e ：株主資本コスト（期待収益率）
> r_f ：リスクフリーレート
> r_m ：市場ポートフォリオの期待収益率
> β ：市場の変動に対する感応度を示した係数

$(r_m - r_f)$ は、市場（マーケット）リスクプレミアムと呼ばれ、$\beta\,(r_m - r_f)$ は株式リスクプレミアムと呼ばれる。

② β（ベータ）値

β値とは、個別株式のリスクを測る指標であり、市場全体が1%上昇したときに、その株式が何%上下するかという感応度を示す。そのため、市場全体の変動に関連するシステマティック・リスク（【論点6：ポートフォリオ理論】参照）に関する値である。計算式は、以下のとおりである。

> $$\beta値 = \frac{株式Aの収益率と市場ポートフォリオの共分散}{市場ポートフォリオの分散}$$

相関係数の式より、（株式Aの収益率と市場ポートフォリオの共分散）＝（相関係数）÷｛（市場ポートフォリオの標準偏差）×（株式Aの標準偏差）｝と表せる。共分散や相関係数についての詳細は、【論点6：ポートフォリオ理論】を参照。

β値はそれが示す数値によって、次のような性質を示す。

$\beta > 1$：市場平均以上に動くため、リスクが高い

$\beta < 1$：市場平均よりも小さく動くため、リスクが低い

$\beta = 1$：市場全体と同じ程度の市場リスクである＝市場ポートフォリオ

$\beta = 0$：市場全体に左右されない

なお、β がマイナスの値もあり得る。

【 株主資本コストと β 値の関係図 】

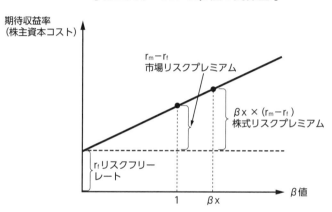

CAPMは、株主資本コストや β 値の計算方法のほかに、その意味も正確に把握する必要がある。また、次章で学習する企業価値算定におけるWACC算定にて必須となる知識である。

論点8　資本コスト

資本コストは企業の観点からは、資金調達コストといえ、株主や債権者の観点からは、資金提供の見返りであるリターンと捉えられる。

◪ 資本コスト

　企業が外部から資金調達する際に生じるコストを資本コストという。一方で、資金の貸し手にとっては資金提供によるリターンと捉えることができる。資本コストは、債権者に対する負債コストと株主に対する株主資本コストの2つに分類される。

【 資本コストと負債コストの構造 】

◫ 負債コスト

　債権者からの資金調達である社債や借入金には、契約上、金利が付されている。これは企業にとっての資金調達コストであり、負債コストは金利と考えればよい。金利は節税効果が認められるため、企業側からみた実質的な負債コストは税引後となる。負債コストを式で表すと次のとおりである。

$$税引後負債コスト = r_d \times (1 - t)$$

r_d：負債コスト、t：法人税率

❸ 株主資本コスト

　株主資本コストは、株主が要求するコストである。金利と異なり、契約で決まっておらず、資本市場の状況から算定する。なお、負債コストとは異なり、節税効果はないことに留意が必要である。資本コストの代表的な算定方法は次の2つである。

①CAPM

$$r_e = r_f + \beta (r_m - r_f)$$

　　r_e：株主資本コスト

　　r_f：リスクフリーレート

　　r_m：市場ポートフォリオの期待収益率

　　β：市場の変動に対する感応度を示した係数

　詳細は、【論点7：CAPM（資本資産評価モデル）】を参照されたい。

②配当割引モデル

　株価と配当をもとに資本コストを算定する方法である。

　詳細は、【論点9：株価の算定】を参照されたい。

❹ WACC（加重平均資本コスト）

　負債や株主資本といった資金調達源泉ごとに必要な資本コストは異なることから、それらを加重平均して求めた資本コストを加重平均資本コストという。それは資本構成に基づいて、次の算式により求められる。なお、負債と株主資本は、理論上は簿価ではなく時価を用いる。

$$\text{WACC} = \frac{D}{D+E} \times r_d \times (1-t) + \frac{E}{D+E} \times r_e$$

r_d：負債コスト、r_e：株主資本コスト

D：負債、E：株主資本、t：法人税率

【 加重平均コストの計算例 】

設例： 次の資料に基づく加重平均資本コストはいくらか。（平成27年度中小企業診断士第1次試験　財務・会計　第14問改題）

株主資本コスト	10%	負債の簿価	600百万円
他人資本コスト	5%	負債の時価	600百万円
限界税率	40%	株主資本の簿価	1,000百万円
		株主資本の時価	1,400百万円

解答：　$\text{WACC} = \dfrac{600}{600+1,400} \times 5\% \times (1-40\%) + \dfrac{1,400}{600+1,400} \times 10\% = \underline{7.9\%}$

追加 ポイント

負債コスト、株主資本コスト、加重平均資本コストを算定できるようにする。

過去問　令和3年度　第15問　WACC算定
　　　　令和元年度　第21問　WACC算定

Ａ　論点9　株価の算定

ポイント

> 株価は一般的に配当割引モデルで算定される。投資家が株価の妥当性（割安、割高）を判断する指標として、PER、PBRがある。そのほか、株式投資判断に際して、EPS、BPS、配当性向、配当利回りといった指標が使用される。

１ 配当割引モデルを用いた株価算定

　配当割引モデルとは、将来投資家が得る配当金の合計を期待収益率で割り引いて現在価値を算定し、理論株価を求める手法である。今後の成長を見込むか否かによって次の2つに分けられる。

①ゼロ成長モデル

　配当金は毎期一定と仮定し、理論株価を算定する方法である。

$$P = \frac{D}{r_e}$$

　　　P：理論株価、D：配当金、r_e：株式の期待収益率

②定率成長モデル

　配当金は毎期一定の割合で成長すると仮定し、理論株価を算定する方法である。

$$P = \frac{D}{r_e - g}$$

　　　P：理論株価、D：配当金、r_e：株式の期待収益率、g：成長率

【 配当割引モデルを用いた株価算定の計算例 】

設例: 前期の配当金100円、割引率(株主資本コスト)が年5%である場合、配当割引モデルに基づく株価はいくらか。なお、成長率がゼロと3%のケースがある。

解答: 〈成長率ゼロ〉株価 $= \dfrac{100}{5\%} = 2{,}000$円

〈成長率3%〉株価 $= \dfrac{100 \times 103\%}{5\% - 3\%} = 5{,}150$円

② 株価収益率(PER)、株価純資産倍率(PBR)

PERとは、1株当たり当期純利益に対する倍率を表す指標である。同業種の平均と比較して、割安または割高と判断する。

$$PER(倍) = \dfrac{株価}{1株当たり当期純利益}$$

PBRとは、1株当たり純資産に対する株価の倍率を表す指標である。PBRが1ということは、会社の解散価値と株価の時価総額が一致することを意味し、理論上は会社が解散すれば、投資金額はそのまま戻ってくる。

$$PBR(倍) = \dfrac{株価}{1株当たり純資産}$$

③ 1株当たり当期純利益(EPS)、1株当たり純資産(BPS)

EPSは、当期純利益を発行済株式総数で割ることにより算定したもので、企業の収益性を測る指標である。

$$EPS(円) = \dfrac{当期純利益}{発行済株式総数}$$

BPSとは、簿価純資産を発行済株式総数で割ることにより算定したもので、企業の安全性を測る指標である。

$$BPS (円) = \frac{純資産}{発行済株式総数}$$

4 配当性向、配当利回り

配当性向とは、当期純利益のうち、配当金に充てた割合を示す指標である。株主還元として稼いだ利益の中からどのくらい配当金を支払っているかを確認できる。

$$配当性向 (\%) = \frac{配当金総額}{当期純利益} \times 100$$

配当利回りとは、株価に対する配当金の配当金の割合を示す指標である。

$$配当利回り (\%) = \frac{1株当たり配当金}{株価} \times 100$$

追加 ポイント

定率成長モデルの場合は前年度データが与えられた場合、1年後の配当を計算しなおす必要がある。

論点10　企業価値評価の手法

ポイント

> 企業価値評価の手法は、マーケット・アプローチ、インカム・アプローチ、コスト・アプローチの3つがある。

1 企業価値評価の手法

　企業価値は、負債価値と株主資本価値の合計である。企業価値評価の目的や評価対象企業の固有状況などによって企業価値を1つの手法で評価をすることは難しい。企業価値評価の実務では、評価手法として、マーケット・アプローチ、インカム・アプローチ、コスト・アプローチの3つがある。それぞれ対象企業の異なる側面に着目するものである。

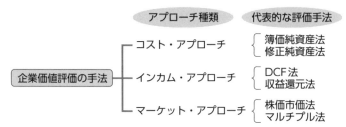

2 コスト・アプローチ

　純資産価額に着目して企業を評価するアプローチである。

①簿価純資産法は、対象企業の簿価ベースの純資産を株主資本価値とする方法である。

> 株主資本価値　＝　資産（簿価）　－　負債（簿価）

②修正純資産法は、資産・負債を時価ベースにした場合の純資産を株主資本価値とする方法である。また、類似したものに時価純資産法がある。修正純資産法が資産・負債項目のうち、主要な項目を時価で評価替えをするのに対し、時価純資産法では資産・負債のすべてを時価で評価替えをする。

$$株主資本価値 \ = \ 資産（時価） \ - \ 負債（時価）$$

🖪 インカム・アプローチ

キャッシュ・フローや利益に着目して企業を評価するアプローチである。

①DCF法は、各期の将来CFをWACC（加重平均資本コスト）で現在価値に割り戻し、負債価値を控除することにより株主資本価値を算定する方法である。将来CFは、債権者と株主に帰属するFCFが用いられる。

$$企業価値 = \frac{1年目のFCF}{(1+r)^1} + \frac{2年目のFCF}{(1+r)^2} + \frac{3年目のFCF}{(1+r)^3} \cdots + \frac{n年目のFCF}{(1+r)^n}$$

$$株主資本価値 \ = \ 企業価値 \ - \ 負債価値$$

r：WACC（加重平均資本コスト）

$$FCF = \ 税引後営業利益 \ + \ 減価償却費 \ \pm \ 運転資本増減額 \ - \ 投資額（CAPEX）$$

②収益還元法は、損益計算書の当期純利益を資本還元率で割ることにより株主資本価値とする方法である。

$$株主資本価値 \ = \ \frac{当期純利益}{資本還元率}$$

🖪 マーケット・アプローチ

市場価格や取引事例を直接または間接的に着目して企業を評価するアプローチである。

①株価市価法は、評価対象企業が上場している場合に株価×発行済株式数により株主資本価値とする方法である。

$$株主資本価値 \ = \ 株価 \ \times \ 発行済株式総数$$

②マルチプル法は、評価対象企業と類似する企業のPBR、PERをもとに株主資本価値を計算する方法である。

株主資本価値　＝　（類似企業の）PER　×　（対象企業の）当期純利益

株主資本価値　＝　（類似企業の）PBR　×　（対象企業の）純資産

3つのアプローチ名および各々の代表的な手法は押さえておく必要がある。

過去問
令和4年度　第18問　企業価値（クーリン・サープラス関係）
令和4年度　第19問　企業価値（非上場株式の評価）
令和3年度　第22問（設問1）インカム・アプローチ（DCF法）
令和3年度　第22問（設問2）マーケット・アプローチ（マルチプル法）

B **論点11** 資金調達

ポイント

資金調達は、企業内部か外部かによって内部金融と外部金融に分類される。さらに外部金融は、市場から直接資金調達する直接金融と、金融機関を通じて間接的に資金調達する間接金融に分類される。

1 資金調達の分類

企業の資金調達を企業金融といい、企業金融は大きく外部金融と内部金融に分類される。

外部金融は、企業外部から資金調達する方法で、さらに企業間信用、直接金融、間接金融に分かれる。企業間信用は、取引先との信用から生じる買掛金や支払手形が代表例である。直接金融は、株式や社債などの発行を通じて投資家から資金を直接調達する方法である。間接金融は、金融機関を通じて間接的に市場から資金調達する方法である。

内部金融は自己金融ともいい、企業内部で資金調達をするもので内部留保のほか、非資金支出である減価償却費が代表例である。

【 資金調達の分類図 】

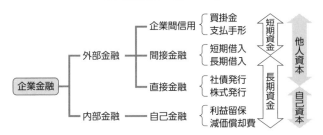

追加 ポイント

ある資金調達手段が外部金融か内部金融、または直接金融か間接金融かを判断させる問題が出題される。

過去問
令和3年度　第14問　直接金融と間接金融、外部金融と内部金融
令和元年度　第20問　直接金融と間接金融、外部金融と内部金融

ポイント

> MM理論では、法人税が存在しない完全市場を想定した場合、資本構成
> は企業価値に影響を与えないが、法人税が存在する場合は負債の節税効果
> の現在価値相当分だけ企業価値が向上するとしている。

1 MM理論

　モジリアーニとミラーが提唱した理論(MM理論)によれば、法人税などの
税金や取引コストがない完全資本市場では、資本構成は企業価値に影響を与え
ないとしている。したがって、負債の利用にかかわらず企業価値は次のとおり
一定となる。

【 負債の利用による企業価値の推移 】

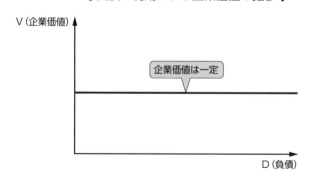

2 MM修正理論

　次に法人税が存在する市場を想定した場合では、企業価値にどのような影響
を与えるかをここでは考えていこう。業績がまったく同じ会社で異なった資本
構成を持つ次の2つの会社を想定する。負債の利用がない企業をU社、負債の
利用がある企業をL社とする。

単位：千円			U社	L社
BS	資産		200	200
	負債		0	100
	純資産		200	100
PL	営業利益		50	50
	支払利息	5%	0	5
	税引前当期純利益		50	45
	法人税	40%	20	18
	税引後当期純利益		30	27
CF	債権者が受け取るCF		0	5
	株主が受け取るCF		30	27
			30	32

　上表より、負債の利用がある企業のほうが、最終的に債権者・株主に分配されるキャッシュ・フローが2だけ増加していることがわかる。理由は、L社の支払利息によって法人税の課税所得が減少したため、その分、税流出が減少したことによる。つまり、負債の節税効果の現在価値分だけ、企業価値は高くなる。これをMM理論の修正命題という。

$$V_L = V_U + t \times D$$
　　V_L：L社の企業価値、V_U：U社の企業価値、t：法人税率、D：負債

【 節税効果を考慮した企業価値の推移 】

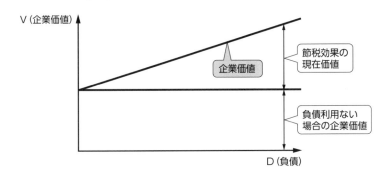

3 債務不履行（デフォルト）リスク

　MM修正理論を前提とした場合、負債を利用すればするほど、企業価値が高まる。しかし、実際にはある一定のところで企業価値が低下することとなる。これは、負債を利用しすぎると、債務不履行リスクが高まるため、倒産コストが発生し、企業価値が低下すると考えられるからである。したがって、負債を利用するにつれて、節税効果の現在価値分だけ企業価値は高まっていくものの、ある時点を境に倒産コストの現在価値分が上回る結果、企業価値は減少に転じていく。最適資本構成は、節税効果と倒産コストのトレードオフを考慮しなければならないといえる。

【 倒産コストを考慮した企業価値の推移 】

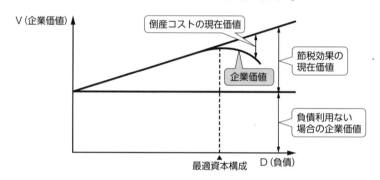

論点13 配当政策

ポイント

> 配当政策とは、利益を株主に還元するか、内部留保して投資するかを決めることである。MM理論によれば、配当は株式価値に影響を与えないとしている。

■1 配当政策の効果

「株式価値は配当政策とは無関連である」、これはMMの配当無関連命題と呼ばれる。次の例を用いてその命題を説明する。

【 配当実施前と実施後の株主価値の変化 】

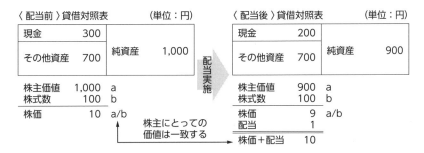

現金300、その他資産700、純資産1,000の会社を想定し、1株当たり1円の配当を行った場合、株式数100×1円＝100円の現金が株主へ流出し、その結果、配当後の株価は10から9に下落する。一方で、株主は1円の配当金を受領しているため、株主にとって損得は発生しておらず、実質的な株主価値は変化していないことがわかる。

ただし、配当政策が株式価値に影響を与えないとしても、実務上は配当政策を検討している。これは、配当政策により株主に対して経営者の立場を伝える意味があると考えられているためである。たとえば増配する場合は、経営者は将来の業績に自信を持っており、逆に減配する場合は、将来の業績に不安があるという意思表示とみなされる。これを配当政策のシグナリング効果という。

② 配当性向

$$\text{配当性向 (\%)} = \frac{\text{配当金総額}}{\text{当期純利益}} \times 100$$

配当性向とは、当期純利益のうち、配当金に充てた割合を示す指標である。株主還元として稼いだ利益の中からどのくらい配当金を支払っているかを確認できる。

業績連動型の配当政策をとった場合（つまり配当性向が一定であることを意味する）は、1株当たり配当額の変動は大きくなる。安定配当政策をとった場合（つまり配当性向が変動することを意味する）は、1株当たり配当額の変動はない。

③ 自己株式の取得

配当が株主価値に影響を与えないことと同様に、利益還元施策の1つである自己株式の取得に関しても、株主価値に影響を与えないことを導ける。

【 自己株式取得前と取得後の株主価値の変化 】

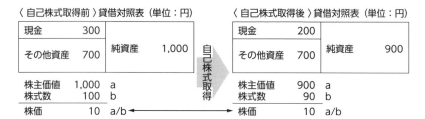

これは、現在の株価で自己株を取得した場合、株主価値の低下とともに株式数も減少するため、株価は変わらないことによる。

追加 ポイント

平成27年度は利益還元政策の選択、平成23年度は現金配当・自己株式取得を実施した場合の株主価値への影響、平成20・22年度は配当政策と配当性向の関係の理解を問う問題が出題されている。

過去問	
	令和4年度 第10問 自己株式の消却
	令和4年度 第23問 配当政策
	令和3年度 第16問 株主還元

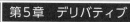

第5章　デリバティブ

論点14　オプション取引

ポイント

デリバティブ（金融派生商品）の1つであるオプション取引は、買う権利の「コールオプション」と売る権利の「プットオプション」の2種類がある。

❶ デリバティブの目的と種類

デリバティブとは、株式・債券・金利・外国為替などの金融資産から派生した取引のことであり、原資産のリスクヘッジや効率的資産運用などの手段として幅広く使用されている。主にオプション取引、先物取引、スワップ取引の3種類がある。

❷ オプション取引の概要

オプションは、将来時点で原資産を一定価格で買うまたは売る権利を売買することである。オプションには、「売る権利（プットオプション）」と「買う権利（コールオプション）」の2種類がある。権利行使が可能なタイミングにより次の2種類のタイプに分けられる。

【 権利行使タイミングによるオプションのタイプ 】

ヨーロピアンタイプ	オプションの買い手が満期日にのみ権利を行使できる。
アメリカンタイプ	満期日以前であればいつでも自由に権利を行使できる。

❸ オプションの損益

オプションの買い手は、決められた期間内においてその権利を行使（原資産を行使価格で売買するか）するか、放棄するかを選択できる。また、オプションの買い手はオプションプレミアム（オプション料金）を支払うため、権利を行使した場合は権利行使価格＋オプションプレミアムの価格を支払うのに対し、権利放棄した場合には、オプションプレミアムの価格を支払うのみである。

【 コールオプション・プットオプションの損益図】

①コールオプション

〈 コールオプションの買い手 〉　　　　〈 コールオプションの売り手 〉

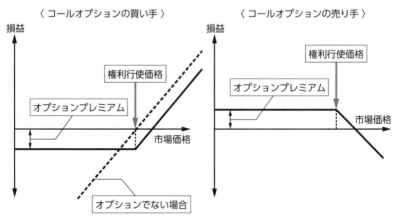

②プットオプション

〈プットオプションの買い手 〉　　　　〈 プットオプションの売り手 〉

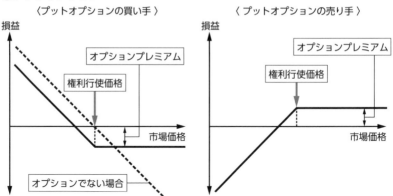

◢ オプションの価格変化

　オプション取引では売り手がリスクを負担し、買い手の権利行使のいかんによっては損失が発生するため、両者の損得がゼロになるようにオプションプレミアムの価格（オプションの価値）が決められる。変動要因とオプションの価格変動との関係は次のとおりである。

【オプション価値の変動要因】

オプションの価値（オプションプレミアムの価格）の変動要因	コールオプション	プットオプション
原資産のボラティリティ（価格変動性）上昇	⬆	⬆
原資産価格の上昇	⬆	⬇
行使価格の上昇	⬇	⬆
金利の上昇	⬆	⬇
権利行使までの残存期間が長い	⬆	⬆

> **追加 ポイント**
>
> コールオプションとプットオプションについての損益は頻出で問われているため、それぞれ正確に理解するとともに、オプションの価値の変動要因についても把握することで、オプションに関する理解を深めることができる。

過去問
令和3年度　第23問　オプション
令和2年度　第15問　オプション
令和元年度　第14問　オプション

B
2次

論点15　先物取引と先渡し取引

輸出企業・輸入企業においては、為替変動リスクをヘッジする手段として、多くの企業が先物取引の1つである為替予約を締結している。

1 先物取引・先渡し取引とは

先物取引・先渡し取引とは、将来の一定期日に定められた価格で原資産を売買する取引である。先物取引と先渡し取引の違いは次のとおりである。

	先物取引（フューチャー）	先渡し取引（フォワード）
取引の形態	売り手と買い手の間に取引所が介在する	売り手と買い手の合意による相対（あいたい）取引
取引条件	定型的	非定型的（自由）
決済手段	反対売買を行い、契約を終了させる「差金決済」	決済日に現物を受け渡す「現物決済」
証拠金（*）の有無	必要	不要
信用リスク（取引履行）	取引所・証券会社が介在するためリスクは低い	相対取引相手方の信用力によるためリスクは高い
取引の種類	債券先物、株価指数先物、通貨先物、商品先物など	為替予約など

＊証拠金とは、当事者の一方が相手方に対して担保として預ける金銭のことであり、通常証券会社などの取引業者に差し出すこととなる。

2 先物取引によるヘッジ手段

①（先物）為替予約取引

先物為替予約とは、あらかじめ将来の外国為替相場を確定させる取引のことである。事前に将来の外国為替相場を確定できるので、将来の外国為替の変動による為替差損の発生リスクを回避することができる。

【 輸入企業による為替予約の具体例 】

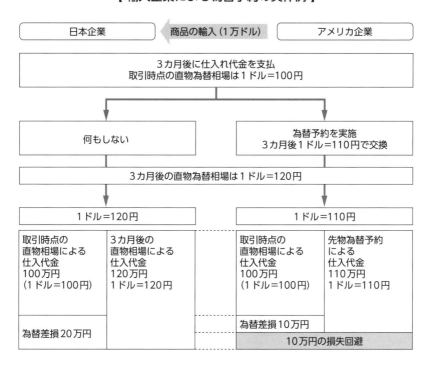

②通貨先物取引

　通貨先物取引とは、取引所に上場されている通貨を将来の一定時期に一定の価格で売買することを現時点で契約する取引である。先物為替予約は相対取引であり予定額全額の受渡しが発生するのに対し、通貨先物取引は取引所取引であり差金決済である。世界的にはシカゴ・マーカンタイル取引所（CME）の国際通貨先物市場（IMM：International Monetary Market）が有名である。

追加 ポイント

　2次試験にも出題される範囲であるため、先物取引と先渡し取引の違いや為替予約取引の目的や仕組みを正確に把握する必要がある。

過去問

令和5年度　第23問　為替予約
令和4年度　第20問　先渡取引と先物取引

論点16　M&A用語

> M&Aの手法は、企業買収の目的や状況に応じてさまざまな手法がある。また、敵対的M&Aに対抗するため、企業においてさまざまな買収防衛策が講じられる。

■ M&Aの手法

　M&Aとは、企業の合併（Mergers）および買収（Acquisitions）のことで、2つ以上の会社が1つになったり、ある企業が他の企業を買ったりすることをいう。M&Aの主な手法は、次のとおりである。

【 M&Aの主な手法 】

手法	説明
TOB (Takeover Bid)	買収企業が被買収企業の株式について、買付期間、買付株数、買付価格を公表して、不特定多数の株主から株式を購入し、経営権を獲得する手法
MBO (Management Buyout)	企業の経営陣が、金融機関などから資金を調達して、事業部門の買収や自社株式を購入して経営権を獲得する手法
EBO (Employee Buyout)	企業の従業員が、金融機関などから資金を調達して、事業部門の買収や自社株式を購入して経営権を獲得する手法
LBO (Leveraged Buyout)	買収企業の資産やキャッシュ・フローを担保に資金調達し、その資金をもって企業を買収する手法
MBI (Management Buy-in)	ファンドなどが、業績が低迷している企業を買収し、経営陣を送り込むことで業績改善を図り、企業価値を向上させる手法

② 買収防衛策

企業は買収を防ぐために、次のような買収防衛策を行う。

【 主な買収防衛策 】

防衛策	説明
ポイズンピル (毒薬条項)	既存株主に対してあらかじめ新株予約権を発行しておき、敵対的買収が起こった際に、買収者以外の株主に新株を発行し、買収者の持つ株式の価値を希薄化させて、買収意欲を削ぐことを目的とする防衛策
黄金株	重要議案 (企業の合併など) の拒否権を行使できる株式をいい、それを協力者に付与しておき、敵対的買収を防ぐ防衛策
ゴールデンパラシュート	企業の経営陣が解任された場合に多額の退職金などを支払う契約を締結しておくことで、企業価値を低下させ、敵対的買収を防ぐ防衛策
ホワイトナイト	敵対的買収を仕掛けられた際に、買収者に対抗して、友好的な企業に買収をしてもらうなどを通じて、敵対的買収を防ぐ防衛策
焦土作戦	自社の優良事業や資産 (クラウンジュエル) を売却して、企業価値を低下させ、敵対的買収を防ぐ防衛策
パックマンディフェンス	逆買収ともいい、買収を仕掛けてきた企業に対して、逆に買収を仕掛けることによる敵対的買収を防ぐ防衛策

③ その他用語

用語	説明
グリーンメール	ある企業の株式を買い占めておき、企業に対してその株式を高値で購入するように迫ること

追加 ポイント

平成28年度にM＆A手法の正誤、平成22年度に友好的M＆Aの選択、平成19年度に買収防衛策の正誤、平成18年度にM＆A手法の正誤を問う問題が出題されている。

過去5年間での出題はない。

【 参考文献 】

1. 『入門会計学』片山覚他著　実教出版

2. 『簿記システムの基礎』関西大学会計学研究室編　国元書房

3. 『簿記システムの基礎 2級商業簿記編』関西大学会計学研究室編　国元書房

4. 『原価計算』岡本清著　国元書房

5. 『管理会計』岡本清他著　中央経済社

6. 『スタンダード管理会計』小林啓孝他著　東洋経済新報社

7. 『改訂版　ファイナンス入門』齋藤正章他著　放送大学教育振興会

8. 『道具としてのファイナンス』石野雄一著　日本実業出版社

9. 『企業価値評価』マッキンゼー・アンド・カンパニー著　ダイヤモンド社

【編者】

中小企業診断士試験クイック合格研究チーム

平成13年度以降の新試験制度に合格し、活躍している新進気鋭の中小企業診断士7名の研究チームであり、2次試験対策で毎年ベストセラーである『ふぞろいな合格答案』の執筆者で占められている。

メンバーは、山本桂史、梅田さゆり、志田遼太郎、中村文香、山本勇介、赤坂優太、大久保裕之。

上記研究チームのメンバーは診断士試験の受験対策だけでなく、企業内での業務改善に取り組んだり、全国各地の創業支援・事業継承・新規事業展開ならびに人事改革のコンサルティングやセミナーなどを通し中小企業支援の現場に携わっている。

本書「財務・会計」は、梅田さゆりにより執筆。

本書出版後に訂正(正誤表)、重要な法改正等があった場合は、同友館のホームページでお知らせいたします。

2024年1月10日　第1刷発行

2024年版
中小企業診断士試験 ニュー・クイックマスター
② 財務・会計

　　　　　　　　　編　者　中小企業診断士試験クイック合格研究チーム
　　　　　　　　　　　　　　　　　　　梅　田　さゆり
　　　　　　発行者　　　　　　　　　脇　坂　康　弘

発行所　株式会社 同友館　　〒113-0033 東京都文京区本郷2-29-1
　　　　　　　　　　　　　　　TEL. 03 (3813) 3966
　　　　　　　　　　　　　　　FAX. 03 (3818) 2774
　　　　　　　　　　　　URL https://www.doyukan.co.jp

落丁・乱丁本はお取替えいたします。　　KIT / 中央印刷 / 東京美術紙工
ISBN 978-4-496-05675-8　C3034　　　　　Printed in Japan

同友館 中小企業診断士試験の参考書・問題集

2024年版 ニュー・クイックマスターシリーズ

1 経済学・経済政策 ……………………………… 定価2,200円 (税込)
2 財務・会計 ……………………………………… 定価2,200円 (税込)
3 企業経営理論 …………………………………… 定価2,310円 (税込)
4 運営管理 ………………………………………… 定価2,310円 (税込)
5 経営法務 ………………………………………… 定価2,200円 (税込)
6 経営情報システム ……………………………… 定価2,200円 (税込)
7 中小企業経営・政策 …………………………… 定価2,310円 (税込)

2024年版 過去問完全マスターシリーズ

1 経済学・経済政策 ……………………………… 定価3,300円 (税込)
2 財務・会計 ……………………………………… 定価3,300円 (税込)
3 企業経営理論 …………………………………… 定価3,850円 (税込)
4 運営管理 ………………………………………… 定価3,850円 (税込)
5 経営法務 ………………………………………… 定価3,300円 (税込)
6 経営情報システム ……………………………… 定価3,300円 (税込)
7 中小企業経営・政策 …………………………… 定価3,300円 (税込)

中小企業診断士試験1次試験過去問題集 ……… 定価3,740円 (税込)
中小企業診断士試験2次試験過去問題集 ……… 定価3,630円 (税込)
新版「財務・会計」速答テクニック ……………… 定価2,420円 (税込)
診断士2次試験 事例Ⅳの全知識＆全ノウハウ ……… 定価3,520円 (税込)
診断士2次試験 事例Ⅳ合格点突破 計算問題集 (改訂新版) …… 定価2,860円 (税込)
診断士2次試験 ふぞろいな合格答案10年データブック … 定価4,950円 (税込)
診断士2次試験 ふぞろいな答案分析7 (2022～2023年版) ……… 5月発売
診断士2次試験 ふぞろいな再現答案7 (2022～2023年版) ……… 5月発売
診断士2次試験 ふぞろいな合格答案エピソード17 ……… 7月発売
2次試験合格者の頭の中にあった全知識 ……… 7月発売
2次試験合格者の頭の中にあった全ノウハウ ……… 7月発売

https://www.doyukan.co.jp/

〒113-0033 東京都文京区本郷2-29-1
Tel. 03-3813-3966　Fax. 03-3818-2774